検証
内閣法制局の近現代史

倉山満

光文社新書

はじめに——知られざる最強官庁

突然ですが、問題です。

問　次の（　　　　）に入る適切な語を、選択肢より選べ。

日本は三権分立制を採用している。立法は（１）が、行政は（２）が、司法は（３）が担う。

選択肢

【あ】国会　【い】内閣　【う】裁判所
【え】内閣法制局　【お】財務省主計局　【か】検察庁

もちろん正解は「(1) あ (2) い (3) う」です。小学生でも答えられます。しかし、実態は「(1) え (2) お (3) か」です。日本は官僚国家と言われますが、その中でも財務省主計局と検察庁、そして内閣法制局は別格です。

霞が関で最強の官庁は財務省、特に予算を握る主計局は「我ら富士山、他は並びの山」と豪語します。今や財務省は「増税省」と名前を変えた方が良さそうですが、本来の財務省は経済を豊かにし、国を運営するのが仕事。増税や統制経済は旧大蔵省の伝統に反する。こうした財務官僚自身が忘れてしまっているであろう歴史を、『検証　財務省の近現代史』（光文社、二〇一二年）で描きました。日本の行政は財務省、特に主計局が切り盛りしています。

平時の最強官庁が主計局なら、有事の最強官庁は検察庁です。検察の権限は警察を軽く凌駕し、警察が逮捕した容疑者を起訴するかどうかは、検察の匙加減次第。起訴後の有罪率は九九・九%。事実上の司法権は検察が握っていると言っても過言ではありません。そして、政治の表舞台に出てくる時は政局が動く時です。こうした検察の実像を、『検証　検察庁の近現代史』（光文社、二〇一八年）で描きました。

　そして「三部作」の完結編が本書です。

　内閣法制局は、とらえどころのない役所です。名前を知っている人の多くも実態はよくわかっていない。圧倒的多数の人は名前すら知らない。そんな内閣法制局が財務省や首相官邸を抑え込む謎の力を持っている。彼らは、いったいどういう人たちなのでしょうか。

　いくつかエピソードを並べてみます。

　かつて竹下登が自民党幹事長代理だったときに公務員給与引き上げ勧告を凍結し、景気対策として公共事業の追加を行おうとしました。法律が通り、予算もついています。ところが内閣法制局から「人事院の公務員給与引き上げ勧告を凍結する一方で公共事業費を追加するのは憲法違反」の疑義があると指摘され、大慌てで対応しました（竹下登『証言保守政権』読売新聞社、一九九一年、一三五～一三六頁）。

　竹下登はのちに首相となり、退陣しても闇将軍として君臨し、絶大な権力を握っていた人です。その竹下が総理就任前の話とはいえ、この内閣法制局からのイチャモンを露ほども疑問視しませんでした。首相在任時の法制局への対応も似たようなものですが。

また一九九四（平成六）年六月、社会党党首の村山富市《むらやまとみいち》を総理大臣とする内閣が成立したときの出来事です。それまで頑なに「自衛隊は違憲」としてきた社会党から陸海空自衛隊の最高指揮官である総理大臣が出てしまいました。ところが、村山は首相になったとたんに手のひらを返したように自衛隊が合憲であることを認めました。

この首相答弁は与野党から驚きで迎えられ、議場が拍手や野次で騒然となるなか、自民党からは拍手喝采の一方、社会党議員の間には重苦しい沈黙が漂っていたとか。

答弁の原案を作成したのは内閣法制局。曰く、「内閣が交代しても、憲法解釈を変更する余地はない。法律解釈とはそういうものです。政権が代わるたびに憲法解釈を変更したら、内閣法制局は組織としての信頼性を失う」と。従来の社会党の主張を押し通せばどうなるか、コンコンと説明を受けた首相は、内閣法制局の説得を全面的に受け入れました。村山さんは後日、「九条解釈をめぐり内閣法制局と対立したら、内閣はもたない」と側近に漏らしたそうです（中村明『戦後政治にゆれた憲法九条　内閣法制局の自信と強さ』中央経済社、一九九六年〈第二版は二〇〇一年〉。二八〜三一頁）。

さらに時代が下って、強い首相の印象のある小泉純一郎も、内閣法制局に屈しています。

二〇〇二年二月、ブッシュ米大統領の訪日にあたって、当初、靖国神社への参拝を申し出てくれたのに、日本側が政治的配慮から明治神宮への参拝に変更。さらに、その明治神宮ですら「政教分離に抵触する可能性がある」との懸念から、首相自身は参拝しませんでした。ブッシュ大統領に同行して参拝すれば「首相の公式参拝」と受け取られかねないと内閣法制局が判断したためです。ブッシュ大統領が明治神宮に参拝している一〇分間、小泉首相は車の中で待たなければならず、敷地内の流鏑馬《やぶさめ》会場で大統領と合流し、一緒に見物しました（西川伸一『これでわかった！　内閣法制局　法の番人か？　権力の侍女か？』五月書房、二〇一三年、一〇八頁）。

このように、内閣法制局は得体が知れない組織であり、とてつもない権威を持っています。ふだんの最強官庁・財務省も内閣法制局を頼りにしています。住所は両者同じで東京都千代田区霞が関三丁目一―一。何かコトがあればいつでも飛んでいけるように渡り廊下でつながっています。

最強官庁・財務省ですら、内閣法制局のことを「あいつらを敵に回すとめんどくさい」と思っています。あえて言うなら、表の最強官庁が財務省主計局、裏の最強官庁が内閣法制局でしょうか。

とにかく内閣法制局はあの財務省をも凌ぐ、別格の存在として君臨する謎の最強官庁なのです。謎の詳細は追々お話ししますが、簡単に言うと、その力の源は「法制局」の名の通り、法を制するところにあります。

閣議が毎週火曜・金曜にあるために、前日の月曜・木曜に事務次官会議が行われます。そこで決まった法案や案件が翌日の閣議にまわされ、大臣が署名する。閣議で実質的な法律の議論がなされることは、まずありません。お習字大会よろしく、花押を書いていくだけ。花押とは文書の末尾などに書く署名の一種で、実名の一部などを取って図案化したものです。

それはさておき、政府提出法案を何%成立させられるか、それが時の内閣の成績と目されます。学校では国会は立法機関と教わりますが、「議員立法」などせいぜい二割程度しかありません。議員提出法案は数では政府提出法案に引けを取りませんが、成立する法案の約八割は政府提出法案なのです（内閣法制局ＨＰ「過去の法律案の提出・成立件数一覧」〈平成25年より令和3年までのデータ〉より計算）。

この政府提出法案は、内閣法制局長官が許可の判を押さないと出せない代物なのです。日本の立法を牛耳り、すでにある法律の解釈を一手に引き受けているのが内閣法制局です。

国会でも裁判所でも総理大臣でも法務大臣でもなく、なぜ内閣法制局がそんな権限を持っているのか、不思議と言えば不思議です。

その謎は本書を読み進めていくうちにだんだんと解けていきます。

戦後の日本を支配してきた裏の最強官庁・内閣法制局について、これだけは知っておきたい。そんな話を詰め込んだのが本書です。

検証　内閣法制局の近現代史――目次

第八章　近藤正春長官――本来の法制局の仕事……257

序章

内閣法制局とはなにか

戦前の法制局

内閣法制局とはなにか。その謎に迫る前提として法制局の歴史をざっと見ていきます。

徳川幕府を倒した明治新政府は、近代国家を築くべく、とりわけ初期の段階では改革につぐ改革を行いました。一八八五（明治一八年）まで、ほぼ半年に一回の頻度で、比較的大きな行財政改革を行っています。たとえば四国は、五県になったり三県になったりしています。

大行政改革の一環として明治八年七月三日、太政官正院の法制課が改められ、法制局が置かれることになりました。これが「法制局」と名のつく役所の始まりです。長官は伊藤博文。長官のほか、法制官一〇人、書記一〇人、一般職員二〇人の合計四一人でした（内閣法制局百年史編集委員会『内閣法制局百年史』一九八五年、三～四頁）。

そして一八八五年一二月二二日、太政官制を廃し、内閣制度が創設されるとともに、翌二三日には内閣に法制局が設置されました。偶然ですが上皇陛下のお誕生日です。『内閣法制局百年史』（二六頁）によると「長官一人、参事官二〇人、書記官二人および属が置かれたが、属の定数は不明」とあります。人数は時代によって増減があったようです。「戦前においては、法制局長官は、内閣書記官長（いまの官房長官に相当）と並んで内閣の両番頭と呼ばれた」とあります（『内閣法制局百年史』五六頁）。両者とも閣僚ではないのですが、政治全般の切り盛りをするのが書記官長で、法律問題をとり仕切るのが法制局長官です。

ちなみに『内閣法制局百年史』では内政全般を見る内務省と予算を通じて国政全般を見る大蔵省とともに重要な官庁として法制局があったと言い張っていますが、それは言いすぎです。しょせん定員二〇名程度ですし、たいした官庁ではありませんでした。

私はこれまで明治・大正を扱った本を書いてきましたが、そのなかに内閣法制局はほとんど出てきません。たいした役割を果たしていないからです。

昔の法制局長官は小物

とりあえず、戦前の法制局長官を一覧表にしました（二六〜二七ページ参照）。主だった人を解説します。

二代目長官は井上毅《こわし》で、大日本帝国憲法の事実上の創設者です。このように、大物もいるにはいるのですが、名目上座らされているだけの人が多いのです。その井上も博識で尊敬されましたが、閣僚としては軽量の文部大臣を務めただけで、政治家として大成したわけではありません。

塚本清治	加藤高明内閣	1924年6月11日-1925年8月2日	内務次官。憲政会系。
山川端夫	加藤高明内閣 第1次若槻内閣	1925年8月10日-1927年4月20日	外務省条約局長。
前田米蔵	田中義一内閣	1927年4月20日-1929年7月3日	政友会の政党政治家。弁護士。
川崎卓吉	濱口内閣	1929年7月3日-1931年4月14日	民政党の政党政治家。内務次官。
武内作平	第2次若槻内閣	1931年4月15日-1931年11月8日	民政党の政党政治家。弁護士。
斎藤隆夫	第2次若槻内閣	1931年11月9日-1931年12月13日	民政党の政党政治家。弁護士。
島田俊雄	犬養内閣	1931年12月13日-1932年5月26日	政友会の政党政治家。
堀切善次郎	齋藤内閣	1932年5月26日-1933年3月13日	内務官僚。
黒崎定三	齋藤内閣	1933年3月13日-1934年7月10日	法制官僚。
金森徳次郎	岡田内閣	1934年7月10日-1936年1月11日	法制官僚。後の憲法大臣。本文で詳述。
大橋八郎	岡田内閣	1936年1月11日-1936年3月10日	逓信次官。
次田大三郎	廣田内閣	1936年3月10日-1937年2月2日	内務官僚。
川越丈雄	林内閣	1937年2月2日-1937年6月4日	大蔵次官。
瀧正雄	第1次近衛内閣	1937年6月4日-1937年10月25日	近衛側近。初代企画院総裁に。
船田中	第1次近衛内閣	1937年10月25日-1939年1月5日	政友会代議士。戦後は自民党副総裁。
黒崎定三	平沼内閣	1939年1月5日-1939年8月30日	二度目の就任。
唐澤俊樹	阿部内閣	1939年8月30日-1940年1月16日	内務次官。戦後は自民党代議士。
廣瀬久忠	米内内閣	1940年1月16日-1940年7月22日	内務次官・厚生次官。戦後は自民党参議院議員。
村瀬直養	第2次近衛内閣 第3次近衛内閣	1940年7月22日-1941年10月18日	商工次官。
森山鋭一	東條内閣	1941年10月18日-1944年7月22日	法制官僚。
三浦一雄	小磯内閣	1944年7月22日-1945年4月7日	農林次官。戦後は自民党代議士。
村瀬直養	鈴木貫太郎内閣 東久邇宮内閣	1945年4月7日-1945年10月9日	二度目の就任。

◆戦前の法制局長官一覧

氏名	内閣	時期	備考
山尾庸三	第1次伊藤内閣	1885年12月23日- 1888年2月7日	宮中顧問官との兼任。
井上毅	第1次伊藤内閣 黒田内閣 第1次山縣内閣	1888年2月7日- 1891年5月8日	帝国憲法の創設者。
尾崎三良	第1次松方内閣	1891年6月10日- 1892年8月20日	明治期は、宮中官僚として有名。
末松謙澄	第2次伊藤内閣	1892年9月29日- 1896年9月30日	伊藤博文の女婿。外交官として有名。
神鞭知常	第2次松方内閣	1896年9月30日- 1897年10月28日	大蔵官僚。代議士も務める。
梅謙次郎	第2次松方内閣 第3次伊藤内閣	1897年10月28日- 1898年7月27日	東京帝国大学法科大学教授との兼任。高名な民法学者。
神鞭知常	第1次大隈内閣	1898年7月27日- 1898年11月8日	初の政党内閣で、経験者が招かれた。
平田東助	第2次山縣内閣	1898年11月8日- 1900年10月24日	山縣子飼い官僚。後に「万年首相候補」の扱い。
奥田義人	第4次伊藤内閣 第1次桂内閣	1900年10月24日- 1902年9月26日	伊藤系官僚。政治家・学者としても活躍。
一木喜徳郎	第1次桂内閣	1902年9月26日- 1906年1月13日	東大法学部教授（憲法学） 後に枢密院議長
岡野敬次郎	第1次西園寺内閣	1906年1月13日- 1908年7月14日	東大法学部教授と同時に官僚。三度、長官を務める。
安廣伴一郎	第2次桂内閣	1908年7月14日- 1911年8月31日	山懸系官僚。
岡野敬次郎	第2次西園寺内閣	1911年8月31日- 1912年12月21日	二度目の就任。
一木喜徳郎	第3次桂内閣	1912年12月21日- 1913年2月20日	二度目の就任。
岡野敬次郎	第1次山本内閣	1913年2月20日- 1913年9月20日	三度目の就任。
倉富勇三郎	第1次山本内閣	1913年9月20日- 1914年4月25日	後に長く枢密院議長を務める。摂政問題に対処。
高橋作衛	第2次大隈内閣	1914年4月25日- 1916年10月9日	東大法学部教授。国際法の権威。七博士の一人。
有松英義	寺内内閣	1916年10月9日- 1918年9月29日	内務官僚。
横田千之助	原内閣 高橋内閣	1918年9月29日- 1922年3月28日	政友会の政党政治家。
馬場鍈一	高橋内閣 加藤友三郎内閣	1922年3月28日- 1923年9月19日	大蔵官僚。
松本烝治	第2次山本内閣	1923年9月19日- 1924年1月10日	東大法学部教授。商法の権威。後の憲法大臣。
佐竹三吾	清浦内閣	1924年1月10日- 1924年6月11日	官僚（農商務省、鉄道院）。法学博士。

歴代長官の経歴を見ると東大法学部教授など、いちおう法律に詳しい人が就くポストではあります。

横田《よこた》千《せん》之助《のすけ》は原敬内閣の法制局長官ですが、原敬が横田を法制局長官にした理由は「横田は利権官庁に回すと悪いことをするので、利権のない法制局に入れておこう」でした。

第三次桂内閣で長官となった一《いち》木《き》喜《き》徳郎《とくろう》は内務大臣や宮内大臣、枢密院議長などの重職を歴任し、宮中で昭和天皇の側近としても活躍する人です。

第一次山本内閣で長官職にあった倉富勇三郎は「憲政の常道」時代を中心に長く枢密院議長を務めます。その理由は最後の元老である西園寺公望が、平沼騏一郎枢密院副議長を嫌っており、平沼を議長に昇進させたくなかったためと、人畜無害な倉富を据えておけば枢密院が政党内閣の邪魔をしないと踏んでいたためです。それだけでは倉富さんにあんまりなので、ポジティブな評も添えておくと、倉富さんは大正天皇がご病気のため裕仁《ひろひと》皇太子（のちの昭和天皇）に摂政に就いていただくにあたり、実務的な手続きを進めた人です（茶谷誠一『宮中からみる日本近代史』ちくま新書、二〇一二年、五一頁）。法律に詳しく実務家としては優秀であったことがうかがえます。

二大政党による「憲政の常道」が確立してくると、当時の大政党であった憲政会（民政党）や政友会が党内で法律に詳しそうな弁護士や内務次官の経験者を法制局長官に任命するようになっています。政党が法律に詳しい人を育てて自前で長官を出せるようになった時代の人が前田米蔵、川崎卓吉《かわさきたくきち》、斎藤隆夫、島田俊雄です。

ちなみに前田米蔵が法制局長官であったときに前田のライバルと目されていた鳩山一郎が書記官長を務めていました。つまり後に大政党の総裁総理候補となる人物が「両番頭」であったことになります。

戦時中は、さまざまな官庁の次官経験者が就くポストになっています。

ちなみに日本国憲法作成時の憲法担当の国務大臣である松本烝治《まつもとじょうじ》と金森徳次郎の二人も法制局長官でした。松本烝治は東大教授で商法の権威。金森徳次郎は大蔵省から法制局に移り、岡田内閣で法制局長官に就任しました。しかし金森は自己の著作『帝国憲法要説』が天皇機関説であるとして右翼から攻撃を受け、一九三六（昭和一一）年に長官辞任に追い込まれています。

ところで、戦前の法制局の名称は単に「法制局」でした。戦後、立法権の強化を目的として衆参両院に法制局、つまり「衆議院法制局」、「参議院法制局」が創設されたので、従来の法制局（の後継機関）は一九六二（昭和三七年）に「内閣法制局」と改称されました。

文脈によっては両院法制局も単に「法制局」と呼ぶことはあります。しかし今でも、単に「法制局」と言えば、たいてい「内閣法制局」のことです。

実は権限がない謎の官庁

ところで普通の官庁では、上には政治家が○○省大臣や△△庁長官にいても「お客さん」で、官僚のトップは事務次官です。ところが法制局では官僚が出世して、「長官」という事務次官より偉い副大臣級の職を得ます。閣僚ではありませんが閣議に出られます。

そんな内閣法制局はどんなところなのでしょうか。「法制局」というからには法律をあつから局であることは明らかですが、具体的に何をする役所なのか。

昭和二七年に制定された内閣法制局設置法によると所掌業務が次のように規定されています。

【内閣法制局設置法】

（所掌事務）

第三条　内閣法制局は、左に掲げる事務をつかさどる。

一　閣議に附される法律案、政令案及び条約案を審査し、これに意見を附し、及び所要の修正を加えて、内閣に上申すること。
二　法律案及び政令案を立案し、内閣に上申すること。
三　法律問題に関し内閣並びに内閣総理大臣及び各省大臣に対し意見を述べること。
四　内外及び国際法制並びにその運用に関する調査研究を行うこと。
五　その他法制一般に関すること。

第一項では、政府が出す法案や条約のすべてに関して意見を言う機関であるとしています。第二項では、内閣法制局が法律や政令を作る機関であることが書かれています。とはいうものの、「自分で作って良い」となっているだけで、基本的には他人の作った法案を添削するのが仕事です。第三項は、法案以外にも法律問題に関して相談を受け、意見を述べることが示されています。第四項は法律の調査をすること。第五項は「その他」でまとめています。これらを「審査事務」「意見事務」と言います。

要するに「調べて意見を言う」だけです。実はこれといって特別な権限は何もないのです。

では、法的に定められた役割からは想像もつかないほど内閣法制局が強大な力を持っているのはなぜでしょうか。

法制局の強さの秘密は六つあります。

一、法律知識

太政官以来の法令がすべて頭に入っていて、やたら法律に詳しい人たちの集団です。

法律の本というと素人は六法全書を思い浮かべます。分厚い本ですが、あれはダイジェストです。ダイジェストではない法律文書をそらで覚えている……。

もちろんすべての法律が頭に入っているなどということは考えにくいのですが、とにかく、そういう設定になっていて、実際に相当詳しい。

二、憲法解釈の独占

法律の中の最高峰である憲法の解釈を独占しています。

すべての法律の最上位にあるのが憲法です。法律も、政令も、省令も、すべて憲法に従わなければなりません。

形式上は、合憲か違憲かを決めるのは裁判所です。憲法解釈に異議があるなら裁判所に訴えて一審、二審、三審と上がって最終的には最高裁判所が決定する……のが建前です。

ちなみにフランスの最高裁は破毀院（破棄院）といいます。つまり下級審が決めた憲法解釈の誤った判決を破棄するから破毀院。

最高裁の最大の仕事が憲法解釈であるはずなのですが、最高裁が憲法判断をしたなど、あまり聞いたことがないと思います。実際、判断していません。その証拠に最高裁が憲法判断をしそうだというだけで新聞の一面に掲載されます。最高裁が憲法判断をする時は、必ず大法廷と言って一五人の判事全員が集まる法廷が開かれるので、大法廷が招集されたニュースは「最高裁が憲法判断をするかもしれない」を意味するので、新聞の一面を飾るのです。もっとも、不要と判断されれば、憲法判断はされませんが。

実際に憲法判断しているのは、内閣法制局です。彼らは日常的に「判断」しています。そして事実、最高裁よりも法律に詳しい人々がそろっています。

また最高裁判事の一人は、内閣法制局長官の天下り先として、指定席と化しています。要するに、変な判決を下さないように監視しているのです。内閣法制局の解釈に傷がつくような訴訟が最高裁まで上がってきたら、そこで阻止します。判決は多数決で決まるのですが、仮に内閣法制局の解釈をくつがえすような判決を出そうとしたら、長官出身の判事を説得しなければなりません。その人の仕事について、その人以上に詳しくなって論破しなければなりませんが、そんなのはほとんど不可能です。

最高裁判事は一五人で、「いっちょ上がり」の人たち。一方、内閣法制局は七〇人で、日常的に法令実務に取り組んでいます。

三、予算統制が利かない

財務省、とくに主計局の武器は予算です。これがあるから他の官庁も政治家も財務省に頭が上がらないのです。ところが内閣法制局の予算は人件費一〇億円程度だけなので、「予算を出さないぞ」という脅しがききません。しかも公務員の人件費は人事院勧告を出さなければ削れないので、そう簡単に減らすことができません。

一方、防衛省などの場合、戦車や潜水艦、飛行機など、金のかかる装備が山ほどあり、巨額の予算の一部を削られたら役人のクビが飛ぶ話になってしまいます。戦前も軍艦一隻作るのに、何人もの海軍大将の首がかかっていました。彼らは予算を争奪するために人生をかけていたのです。防衛省でなくても、たいていの役所は大規模予算を計上しており、「その予算を認めない」と言われたら、土下座に近いようなありとあらゆる手段を使って主計局に頭を下げなければいけません。

　ところが法制局にはそんな大掛かりな予算がまったくないので、財務省に頭を下げなければならない弱みはありません。

　財務省主計局が内閣法制局にできる嫌がらせは、せいぜい残業後のタクシー代をケチるぐらいでしょうか。

四、法案審査への拒否権

　本来、内閣法制局は調査して意見を言うだけの役所のはずです。しかし、新しい法律を作ろうとするときに、内閣法制局から「それは今ある法律と矛盾します」と指摘されたら、たいていの国会議員は「できないんだ」と納得してあきらめてしまうのです。大臣クラスの政治家でもこの調子です。むしろ自民党政治家など、役人から聞いてきた知識で有権者に説教を垂れるような人が増えてきました。そんな人にとって法制局の見解は、とてつもない権威です。

　本来の法制局は、新しい法律を作るときに、現行の法令のうち矛盾するものを調査する役所であるはずなのに、逆のことをして、現行の法律をたてに立法を阻害しています。

そして「太政官以来の法令がすべて頭に入っているらしい法制局に従わなかったら、矛盾が生じた時に責任をとらなければならない。それは困る」と大物政治家たちは及び腰になってしまうのです。

有権者の代表である国会議員が、しょせんは税金で雇われた公務員にすぎない官僚にいいように流されないように、そして本来の仕事である立法を支えるために、衆参両院にも法制局があります。しかし、権威は及びません。

一九八九（平成元）年、社会・公明・民社・社民連の四党が参議院法制局に依頼して消費税廃止法案を作成し、たった二か月足らずで仕上げましたが、国会審議で七か所の法案の不備や誤記を指摘されてしまいました（西川伸一『知られざる官庁　内閣法制局』五月書房、二〇〇〇年、二二五頁）。「内閣法制局に頼らないと法律は作れない」という幻想を拡大強化した事件でした。

なお法曹家の間では、しばしば「あの法律は議員立法なので重大な不備がある」と言われるそうです。

五、後法優先主義の無視

「日本では、ある法令の規定を新設したり改正したりする場合には、他の法令にその規定と矛盾抵触する規定がないかどうかを精査し、新しい規定との調和が図られるように他の法令の規定も改正するという法体系全体の整合性を常時確保するための作業が行われていますが、アメリカなどでは現在の法律の規定と矛盾する内容をもった新法が作られても、この新法の規定に抵触する他のすべての法律の規定は無効とする、といった趣旨の一条を置くだけです」と内閣法制局長官経験者の阪田《さかた》さんは書いています（阪田雅裕《まさひろ》『政府の憲法解釈』有斐閣、二〇一三年、三二頁）。身も蓋もない。

二つの法律が矛盾したら後からできた法を優先する。これを後法優先主義といいます。世の中は変わっていくのだから、そのほうが自然かつ合理的です。

たいていの国には後法優先の原則があるのですが、日本にはそれがないに等しい。それで法制局がしゃしゃり出てきて面倒くさいことになっているのです。

後法優先主義をとれば、法制局の仕事のうち、ほとんどは必要ないものとなります。

六、天敵不在

戦前、法律関連で鍵を握る機関は枢密院でした。前掲『内閣法制局百年史』（四九頁）でも「戦前の法制局にとっての鬼門は、帝国議会ではなく、むしろ枢密院であった」と書かれています。いわば天敵です。

戦前の法制局は枢密院に監視されていて、チェック・アンド・バランスがきいていました。現代のようにやりたい放題できる状態ではありませんでした。

枢密院には現代的に言えば歴代事務次官経験者のような人が顧問官として入っています。重要な法案や条約を審査するところで、内閣が法律上おかしなことをしようとしたら指摘してくる機関でした。法制局も、衆議院や貴族院の議員を相手にするときは、あまり法律を知らない連中としてナメてかかっていますが、枢密院では厳しい質問をされるので、しっかり準備していくのでした。

戦後、日本国憲法体制下に移ったとき、衆議院はそのまま残りましたが、枢密院と貴族院は廃止されて参議院になりました。しかし、枢密院の機能は参議院にうまく吸収されませんでした。

したがって、その後の（内閣）法制局には天敵がいなくなったのです。

修行僧のような人たち

そんな内閣法制局の定員は七七名にすぎません。財務省や法務省など何万人もの人員を抱えている大官庁と比べるとはるかに小さい。ただし、特徴的です。

七七名のうち、内閣法制局の仕事の中心である意見・審査を行う職員を参事官といいます。他省庁では国家公務員試験合格者を採用して育てますが、参事官には他省庁から行政経験を積んだ者を迎え、新卒を採用することはありません。ただし、環境省と防衛省からは出向を受け入れていません。

さらに長官になるのは、法務省、財務省、総務省、経済産業省の四省の出身者が、第一部長→次長→長官という履歴を経て就任します。この人事慣行は戦後法制局が一九五二年に復活して以来、踏襲されてきました。例外は第二次安倍内閣で外務省出身の小松一郎長官が就いた時だけですが、その顛末は第七章で詳述します。

影の権力を持つ法制局、さぞかし大勢の人が行きたがるかと言えば、実はそうでもありません。

たしかに昔は各省がとりわけ優秀な人物を送り込んでいて、参事官出向を命じられた当人も栄転として鼻高々だったらしいのですが、最近では「トップは出さずに、二、三番手あたりを出す省庁も多」く、あまりの激務に内閣法制局ＯＢが「最も人気のない部署」と指摘するほどです。当の参事官にも「好んでやりたいとは思わない」と言われています（前掲『知られざる官庁　内閣法制局』八三頁）。

内閣法制局の激務ぶりについて、少し長いですが『知られざる官庁　内閣法制局』より引用します。

> 「一条三時間かけるから参事官というのだ」といわれるほど厳密な審査が展開される。その結果、年初から法案の閣議決定期限までの約三か月のあいだ、それぞれ参事官はいくつもの法案を抱え、日曜、休日を返上して作業にあたることを余儀なくされる。
>
> （中略）
>
> 期限があるため、深夜までやっても間に合わなければ、徹夜仕事となる。それゆえ、「徹夜の二日や三日やっても耐えられる」体力が、参事官としての「不可欠な資質」だと、内閣法制局幹部は真顔で指摘する。
>
> …（中略）…

> 当然、深夜業ばかりでは健康を害する。かつては、審査の途中で眼底出血を起こして入院したり、脳貧血で卒倒して頭を階段にぶつけてけがをしたり、といった事故があった。あるいは看護婦を付き添わせ、ビタミンを注射しながら徹夜で審査を続けた参事官もいたらしい。
>
> いまでも、法案審査から解放される五月、六月には持病を悪化させる参事官は多い。「参事官」とは、忙しいときには三時間しか眠れず、暇なときは三時間だけ働けばよいという意味だ、との笑えない冗談もある。
>
> （『知られざる官庁　内閣法制局』一〇七～一〇八頁）

こんなところに入りたいと思うのは相当な変わり者です。

各省のトップである事務次官には、政治家や他の役所との折衝がうまい人が就任します。「法律の条文にはこう書いてあるけれども、このあたりで妥協しよう」と現実に合わせて利害調整ほか妥協できる人。さらに言うと、都合が悪い法律を変えるようなことができる人が事務次官になるのです。

しかし同じエリートでも法制局に行く人は、法律をこよなく愛する人です。

ある省から法案作成希望があると担当が一人決まり、事実上の軟禁状態となります。ひたすら法案を作るために調査、調査、また調査。六法全書をはじめ資料に囲まれて、書類とにらめっこ。過酷な環境下での作業です。

それがこよなく快感だという人が法制局に行きたがる。

修行僧のような人たちです。

第一章

佐藤達夫長官——憲法と現実の矛盾の間に

1・1　押し付けられた日本国憲法

ＧＨＱの圧力に徹底抵抗

日本は総力戦に負けました。一九四五（昭和二〇）年八月一五日のことです。総力戦とは何か。相手の総力を潰《つぶ》す戦争のことです。特に第二次大戦では、戦勝国は敗戦国に自らが望む政治体制を押し付けました。当然、その国の憲法は変革され、勝者に都合が良いように書き換えられます。第二次大戦では、大日本帝国のような大国も総力戦で敗北、自らの憲法を占領軍によって書き換えられました。

憲法制定史に関する文献は膨大なので、それらに依拠しつつ、日本国憲法誕生の経緯を簡単に振り返っておきましょう。

日本占領軍の中心はアメリカです。ダグラス・マッカーサー（以下マック）を最高司令官とするＧＨＱです。マックは、矢継ぎ早に占領改革を進めました。その一つが憲法改正です。マックには「日本占領成功の実績を引っ提げて、次期大統領選挙に出馬、当選」の野望がありました。だから、日本を「民主的」な国にしたとの実績が欲しいのです。ハリー・トルーマン大統領らアメリカ本国も陸軍最高位のマック元師を腫物《はれもの》扱いしていました。そのマックは、日本の憲法問題に強い関心を抱いていました。

幣原《しではら》喜《き》重郎《じゅうろう》内閣（一九四五年～四六年）において、憲法改正に取り組みます。しかし幣原内閣の憲法改正案担当となった松本烝治国務大臣が示した案をマックは全面拒否。松本案が大日本帝国憲法の改正憲法だったことが許せなかったようです。本質的には占領軍が敗戦国の憲法をほとんどそのまま残したのでは総力戦に勝ったことにならないから、下世話な言い方をすると、帝国憲法の手直しでは「民主化」の実績にならないからです。

　マッカーサーは自ら要点を走り書きし、これが後に「マッカーサーメモ」とか「マッカーサー三原則」と呼ばれます。その三原則とは「天皇の地位の保全」「戦争放棄」「封建制の廃止」です。三原則と言いながら中身は一一個くらいある代物ですが、とにもかくにも、このメモに基づいて一九四六年二月三日から一一日まで、ＧＨＱのスタッフに草案を作らせました。わずか一〇日の突貫工事で完成したマッカーサー草案です。

　相手は一方的な権力を持つ占領軍。幣原内閣はマック草案の受け入れを決定、これに基づいた草案を作成することにします。中心人物は、入江《いりえ》俊郎《としお》法制局長官と佐藤達夫内閣法制局次長。三月四日に手交します。

ここで松本大臣は、ＧＨＱスタッフの中心人物であるチャールズ・ケージス大佐と怒鳴り合いの末、席を立って帰ります。しかし、大臣が帰ったからといっても、占領軍の命令は絶対。どうにかしなければなりません。松本のお付きで来ていた佐藤が、延々と三〇時間の議論の末、「せめて日本の実情にあった憲法に直させろ」との要求を呑ませました。ＧＨＱも「議論の基礎に」「ただし松本案は絶対に不可」だったので、佐藤の要求には応じましたが、基本的には「マックのメモ」を基礎に、日本国憲法の条文を作り上げていくことになります。

首相は、幣原内閣で外相だった吉田茂に代わります（一九四六年～四七年）。この内閣での憲法担当の国務大臣は金森徳次郎。入江と佐藤も憲法改正問題の中心人物として補佐します。金森徳次郎は、自身も一流の憲法学者でした。戦前の岡田啓介内閣で法制局長官を務めており、陸軍や右傾集団に弾圧された過去もあります。どちらかと言えば、リベラルです。しかしリベラルである以前に愛国者です。前任の松本ともども、憲法論議は国を守る戦いであると自覚していました。ただし、松本のように直線的にＧＨＱと筋論で論争するのではなく、柳に風といなすように振舞いました。金森はＧＨＱの監視を受けつつ、帝国議会と枢密院で奮闘することとなります。

日本の敗北条件は「国体を護持すること」でした。国体とは国家体制、すなわち日本の中心にある皇室のことです。国体護持とは、広義には「皇室の保持」ですが、狭義には「帝国憲法第一条〜第四条を改変しない」です。憲法の全面改正により国体は護持されたのか——。議員たちも強い関心を示しました。

質疑者が「新憲法によって国体は変わったか？」と問うたのに対し、金森は「水は流れても川は流れません」と切り返します。すかさず「お前の刀は二刀流か」とヤジが飛びます。二刀流とは二枚舌のことでしょうか。これに金森は即座に「名人の刀は、一刀であっても二刀の如く見えるのであります」と返しました。

また、帝国憲法第一条と第四条は「天皇の統治権」を定めていましたが、日本国憲法での天皇は「象徴」です。当然、「一体主権はどこにあるのか？　天皇か？　国民か？　ごまかさずに言ってもらいたい」との質問も飛んできます。これには、「我々の奥深くに根を張っている天皇との繋がりというものを基本として、それが存在している、これが我々の信じる国体である」「国体という考え方が法律家の中で在ったのは確かです。ただ国民全体が法律に詳しいわけでもなく、共鳴もしない。一番の根本にあるのは私共の心ではあるまいか」と答えました。これは「あこがれ憲法論」と呼ばれます。難しい言い方では、君民共治の国体は護持されたと解釈されます。

ちなみに「九条の軍備不保持は国家の安全を脅かすのではないか」との質問には、「硬い歯は折れますが、柔らかい舌は折れません」と答えています。

このように日本国憲法は紆余曲折を経て、一九四六年一一月三日に公布、翌年五月三日に施行されました。

この時点で占領がいつまで続くかわかりません。最初は一年くらいでいなくなるだろうと思っていたようですが、占領は長期化します。仮に一時的であっても、国の法として運用していかなければなりません。なかには日本側の要求で付け加えた条項もあります。

本章の主人公がＧＨＱで座り込みに近いことまで行って勝ち取ってきたのが、現行憲法第五十四条第二項と第三項の参議院の緊急集会です（佐藤達夫『日本国憲法誕生記』中公文庫、一九九九年、八一～八二頁。初版は一九五七年）。

【日本国憲法　第五十四条】

第一項　衆議院が解散されたときは、解散の日から四十日以内に、衆議院議員の総選挙を行ひ、その選挙の日から三十日以内に、国会を召集しなければならない。

第二項　衆議院が解散されたときは、参議院は、同時に閉会となる。但し、内閣は、国に緊急の必要があるときは、参議院の緊急集会を求めることができる。

第三項　前項但書の緊急集会において採られた措置は、臨時のものであつて、次の国会開会の後十日以内に、衆議院の同意がない場合には、その効力を失ふ。

　これは有事を考えていないと言われる日本国憲法の中で、「唯一の緊急事態条項」と評価されています。仮に衆参同日選挙が起こっても、参議院は半数改選ですから、国会議員が一人もいなくなることがないように作っているのです。

　事実、佐藤が法制局長官として仕えた吉田茂が予算不成立のまま衆議院解散（バカヤロー解散）を行ったことがありました。この時は暫定予算を組んで対処したのですが、社会党の河野密代議士に「なぜこの憲法そのものに、衆議院を解散したときにおける予算の措置に対して旧憲法におけるがごとき明確なる規定がないのか。この憲法の不備であることは間違いないかもしれぬ」と詰め寄られ、日ごろは腰の低い佐藤が「緊急集会の制度があつて、なおかつそういうお言葉は、ちよつと私には了解しかねるのでございます」と血相変えて切り返しています（昭和28年5月23日衆議院昭和二十八年度一般会計暫定予算につき同意を求める件外六件特別委員会）。

マッカーサーに潰された法制局

占領軍は「民主化」と称して日本を弱体化させようとしていました。要するに総力戦の総仕上げが日本国憲法の押し付けなのです。それを何とか日本人の憲法として最低限運用できるように、イガグリの棘を抜くような作業をしていたのが、金森大臣と法制局です。こういう時、報復をするのがＧＨＱの手口です。

吉田に代わった、片山哲《かたやまてつ》内閣（一九四七年～四八年）の辞め際に法制局は廃止されます。法制局は司法省と統合されて法務庁になります。国務大臣（つまり政治家）である法務総裁の下に法制長官と法務調査意見長官が置かれました。佐藤は法制長官となります。この時、佐藤と新人の真田秀夫参事官以外は、出向元に返されました（前掲『内閣法制局百年史』一三九～一四〇頁）。ＧＨＱによる法制局解体です。

内閣は芦田《あしだ》均《ひとし》（一九四八年三月～一〇月）を経て、吉田茂に政権が戻ります。この内閣は一九五四年一二月までの長期政権となります。吉田は一九四九年六月一日、国家行政組織法施行に伴い法務庁を法務府に改組。法務総裁の下に、法制長官と法務調査意見長官を統合した、法制意見長官を置きます。この法制意見長官に佐藤が就きます。さらに、日本がサンフランシスコ条約の発効によって独立を回復した一九五二年の八月一日、法務府を廃止、元の司法省の部分は法務省に、法制局も復活させます。佐藤は吉田の退陣の日まで法制局長官を務めます。

佐藤は一九〇四（明治三七）年生まれ。東京帝国大学法学部から内務省に入省、三二年からは法制局勤務となります。片山内閣で法制局長官に就任して以来、組織改編で名前が変わっても佐藤は同じ椅子に座り続け、戦後復興を担った第二次吉田政権のすべての期間において法制局長官で居続けます。

戦前の法制局との連続性を象徴するような人物であると同時に、内閣法制局を「解釈改憲」を担う役所にした人物でもあります。

ちなみにマックらＧＨＱとやりあった法制官僚、金森・入江・佐藤は個人的には教養溢れる文人です。金森の頓智の利いた答弁は先に紹介しましたが、文章も得意でいくつかの軽妙なエッセーも残しています（『憲法遺言』学陽書房、一九五九年など）。入江は歌人としても有名で、歌会始の召人《めしゅうど》を務めるほどです。そして佐藤は植物の知識が玄人はだし。絵や植物の本のほうが法律の本より多いほどです。

解釈改憲については野党から攻撃されることもあります。日教組出身の社会党議員の矢嶋《やじま》三義《みよし》から自衛権の解釈について「あなたそれはいつ頃からそういう御見解を持たれたのですか」と聞かれて、「学校で国際法を教わりましたときから、（笑声）それからずつと考えておつたわけであります」と答えています（昭和29年4月23日参議院外務・内閣・大蔵連合委員会）。当時の法制局で長官になるような人は、法律の知識が抜群であるのは当たり前、教養があり反射神経のいい本当に頭のいい人がなるものだと感心したくなります。

ちなみに長官退官後の佐藤は、一九六二年に人事院総裁に就任。七四年に現職のまま亡くなります。

1・2　憲法第九条とは何か

無限の解釈が可能

日本国憲法第九条についてマトモに論じ始めれば、本当に一年間、大学院で講義できます。それほど解釈の幅が大きい憲法の条文も珍しいと思います。そして「何が何でも、この条文を守りたい」とする護憲派、「何が何でも、この条文を変えたい」とする改憲派。左右のイデオロギーは逆でも、これほど人を駆り立てる、宗教的信念のような想いを引き起こす憲法典の条文も珍しいのではないでしょうか。

とりあえず憲法第九条を見てみましょう。

【日本国憲法　第九条】
第一項　日本国民は、正義と秩序を基調とする国際平和を誠実に希求し、国権の発動たる戦争と、武力による威嚇又は武力の行使は、国際紛争を解決する手段としては、永久にこれを放棄する。
第二項　前項の目的を達するため、陸海空軍その他の戦力は、これを保持しない。国の交戦権は、これを認めない。

これを小学生でもわかる国語で要約すると、「第一項、戦争はしません。あらゆる戦いを放棄します」「第二項、あらゆる戦いをしないために、戦う力は持ちませんし、戦う権利は認めません」となるでしょう。しかし、それで片が付かないから揉めるのです。

次に大学の憲法の授業で一般的にどのように教えられているか、通説を確認しましょう。

憲法の条文には見出しがついています。第一項は「戦争放棄」、第二項は「戦力不保持、交戦権否認」です。だから、「戦争」「戦力」「交戦権」の概念を学ぶのですが、本当に大事なのは「前項の目的を達するため」だと講義すると意味がわからず、法律嫌いの学生の出来上がりです。これらの四つの言葉について見ていきましょう。

第一のキーワード「戦争」

九条を理解する第一のワードが、「戦争」です。放棄した「戦争」とは何か？

まず戦争の定義が問題になってきます。大まかに、挑発もされないのに他国に攻め込む侵略（定訳は「aggression」）と、自衛の二つがあります。何も悪いことをしていないのに外国に攻め込まれた、そのときに無抵抗で殺されなければならないのか。そんなはずはありません。だから自衛は構わない。とするのが、現代にいたる国際法の考え方です。

そもそも九条一項は、一九二八年不戦条約の丸パクリ条文です。

【不戦条約】

第一条　締約国は、国際紛争解決のために戦争に訴えることを非難し、かつ、その相互の関係において国家政策の手段として戦争を放棄することを、その各々の人民の名において厳粛に宣言する。

日本国憲法の「国権の発動たる戦争」の元となった条文は「国家政策の手段として戦争」です。ついでに、「国際紛争を解決する手段としては、永久にこれを放棄する」も不戦条約の丸パクリなのは一目瞭然でしょう。

不戦条約では、「国策の手段としての戦争」は、侵略のことだと全調印国が合意しています。だから、自衛は構わない。

しかし、日本の満洲事変、イタリアのエチオピア併合、それにナチスが引き起こした第二次世界大戦と、すべて自衛の名目で侵略が行われたとの価値観が、大戦後の世界の大勢です。

佐藤もリベラルですから、日本陸軍の独走で行われた満洲事変を苦々しく思っていました。再三、満洲事変みたいなものは許されないと国会で答弁しています（昭和29年3月16日衆議院外務委員会、昭和29年4月16日衆議院内閣委員会外務委員会連合審査会）。また、敵に攻められる前に攻める「予防戦争」も自衛に含まれないと言い切っています（昭和29年4月13日参議院外務委員会）。ちなみに、ここで言うリベラルとは、現代の日本の左傾勢力と同じ意味ではなく、「オールドリベラリスト」と呼ばれる自由主義者のことです。「軍事冒険主義を嫌う愛国者」くらいの意味です。憲法制定にあたった幣原喜重郎と吉田茂両首相は外交官として陸軍に苦しめられましたし、松本や金森ら閣僚もオールドリベラリストの集まりです。

吉田などは戦時中に陸軍に牢屋に入れられていますから、かなりムキになって「自衛も含めて、あらゆる戦争を放棄します」と言い切りました。ＧＨＱも占領初期は日本弱体化だけを考えていたので、吉田の発言を歓迎します。

しかし、一九五〇年六月二五日、北朝鮮が韓国に侵攻、朝鮮戦争が始まると、アメリカは日本を弱体化させたことを後悔します。北朝鮮の背後にいる、ソ連や中国のような狂暴な大国を一人で相手にしなければならなくなったからです。「せめて日本は自分で自分の身を守れ」「いっそ一緒に戦え」と要求してくることになります。

総理大臣が「自衛のための戦争も放棄する」と言い切りましたが、そんな発言は今ではなかったことになっています。その手口は、また後で。

第二のキーワード「戦力」

九条を理解する第二のワードが、「戦力」です。では、保持してはいけない戦力とは何なのか。これが変化します。最初は「竹槍より強い武器」です。東大法学部の講義で国際法の権威の横田喜三郎《よこたきさぶろう》は授業で学生から「戦力とは何ですか」と質問されて、「火薬を用いて弾丸を発射するものが戦力だ。今後の日本は、弓とかクワしか持てない」と答えています。ちなみに、この学生は若き日の藤田田《でん》、後の日本マクドナルド創業者です。藤田は横田を「法商」と罵っています。藤田は著書で憲法を改正するか、自衛隊を解散させないと二枚舌で信用をなくす、と説いています（藤田田『ユダヤ流・金戦の哲学　頭の悪い奴は損をする』KKベストセラーズ、一九七四年、一九二〜一九四頁）。

　この「竹槍」は本当に存在する答弁で、何度も議論されています。そして「戦力」とは「竹槍より強い武器」から「近代戦を遂行しうる能力」へ、今は「自衛のための最小限度を超える力」と定義されています。ついでに言うと、第二章で見ますが、「核武装もＯＫ」です。最初は「竹槍はＯＫ、機関銃はハテナ?」と議論したのに、今や解釈改憲で核武装も合憲です。

第三のキーワード「交戦権」

　九条を理解する第三のワードが、交戦権です。否認された戦う権利とは何なのか。これは憲法だけでなく、国際法を理解しないと意味がわかりません。ましてや字義通りに解釈すると、「戦う権利は認められない」になってしまいます。

どういうことかと言うと、国際法は「すべての国が互いの自衛の権利を認めよう」と合意して出来上がっています。その自衛のためには戦う権利があり、これもお互いに認め合っています。戦いが始まると、「核や毒ガスのような非人道兵器の使用」「無辜の民への攻撃」「軍事合理性と関係のない殺戮」などを禁止されたこと以外は、何をやってもいいとなっています。しかし、日本は自衛の範疇だと行動できますが、「何をやってもいい」と認められた権利を、憲法で自ら放棄しているのです。

本当はこんな解釈、最初はしておらず文字通りの意味だったのですが、朝鮮戦争の時からアメリカの都合が変わったので、日本の憲法解釈もそれにつられて変わったのです。

第四のキーワード「前項の目的を達するため」

九条を理解する第四のワードが、「前項の目的を達するため」です。俗に「芦田修正」と言われ、憲法制定小委員会の小委員長だった芦田均が盛り込んだ修正だと長らく信じ込まれてきました。

つまり、第二項の冒頭が「前項の目的を達するため」であることによって、以下の解釈が可能だとする説です。第一項が禁止したのは侵略戦争である。自衛戦争は禁止していない。だから侵略のためには駄目だが、自衛のための戦力は持てるし戦う権利はある、とする説です。憲法学者でも、京都学派の佐々木惣一、大石義雄はこの説でした（佐々木惣一『日本国憲法論』有斐閣、一九四九年、一九六〜一九七頁。大石義雄『改憲の大義』嵯峨野書院、一九七九年、一六九頁）。

第二次安倍政権が集団的自衛権の解釈変更を行う際、「政府は一度も芦田修正を採ったことがない」と確認しましたが（二〇一四年五月一五日安保法制懇報告書）、それは事実です。

佐藤本人は、そのような読み方は「九条第二項の存在の意義というものを薄くしてしまう、むしろナンセンスにしてしまう」とバッサリ否定しています（昭和29年4月23日参議院外務・内閣・大蔵連合委員会）。どんな目的でも、「戦力」は持ってはならないとする解釈です。そして、「前項の目的を達するため」は、「『国際平和を誠実に希求し』そういうことに繋がっている」と制憲議会以来の政府の考えだとしています（昭和29年5月20日参議院内閣委員会）。

実は佐藤が後年に国会で提示した読み方は、芦田の提案そのものでした。芦田が「前項の〜」と挿入したのは、第一項を強めるためでした。この条文を今に伝わる意味で挿入したのは金森徳次郎です。だから、芦田修正は、「金森修正」と呼ぶべきです。

ところが極東委員会から「自衛のための戦力は持てるし、戦う権利も認められているではないか」との物言いがつき、誤解を解くために憲法六十六条に文民条項を挿入したのでした。

【日本国憲法　第六十六条】
第二項　内閣総理大臣その他の国務大臣は、文民でなければならない。

仮に日本が戦力を持つことがあっても、大臣がシビリアン（のために文民という訳語をひねり出した）であれば、軍国主義には戻らないと説得したのです。結局、日本政府が「自衛のための戦力と交戦権は可」という解釈を打ち出さなかったので「金森修正」は幻になりました。

後年、再軍備の必要性が叫ばれたとき、芦田均が事実を捏造して、「自分がそのような解釈で挿入した」と言い出したから「芦田修正」と呼ばれるようになったのですが、これは嘘です。

この嘘を見抜いたのは、古関彰一『日本国憲法の誕生』（岩波書店、二〇〇九年）です。ちなみに、一九八一年三月一二日付『東京新聞』朝刊一面の「『芦田日記』を初公開」において公開された「芦田日記」の一九四六年七月二七日の記述は、まるまる捏造でした。芦田の嘘、芦田の日記を公開した新聞社の嘘が重なって、「芦田修正」が浸透したのです。

なお、この「文民」は政府が憲法解釈を変更した例として、政府自身が認めています（平成16年6月18日付島聡衆議院議員提出の質問主意書に対する小泉内閣の答弁書　第１５９国会答弁第１１４号）。ここでは「最高裁の判決が出たので、憲法解釈を変更して、靖国神社に参拝しました」とともに、「最初は自衛官は文民と考えたけど、変えました」と答えています。

1・3　長官答弁の重み

栄えある「解釈改憲」第一号

さて、ここからは具体的に佐藤の答弁を見ていきましょう。法制局長官の国会答弁は「有権解釈」と言って、政府の憲法法律的見解を代表します。事実上、法としての効力を発揮します。国務大臣の答弁も重いのですが、とりわけ法制局長官の権威は高いのです。総理大臣の発言も「失言」扱いしてしまいます。

そもそも、日本国憲法第九条は自衛も含めてあらゆる戦争を放棄していると言い切ったのは、第一次首相時代の吉田茂です。有名なやり取りです。

野坂参三「此ノ憲法草案ニ戦争一般抛棄ト云フ形デナシニ、我々ハ之ヲ侵略戦争ノ抛棄、斯ウスルノガモット的確デハナイカ」

吉田茂「私ハ斯クノ如キコトヲ認ムルコトガ有害デアルト思フノデアリマス（拍手）近年ノ戦争ハ多クハ国家防衛ノ名ニ於テ行ハレタルコトハ顕著ナル事実デアリマス、故ニ正当防衛権ヲ認ムルコトガ偶々戦争ヲ誘発スル所以デアルト思フノデアリマス」

（昭和21年6月28日衆議院本会議）

今となっては双方の後継者が隠したいでしょうが、日本共産党議長の野坂が「こんなの主権国家の憲法ではない」と迫り、保守本流の開祖と目される吉田が「自衛」の放棄を宣言しました。朝鮮戦争になって、なかったことにしようとしても、当然「あの時、ああ言ったではないか」と追及されます。ついでに「マッカーサーも言っているではないか」とも追及されます。

これを佐藤はどう救ったか。「失言」として扱いました。

佐藤曰く、「マッカーサー元帥がどうこうということは、これは私は外国人の言ったことで、日本国憲法の権威ある解釈にはならないと思いますから、これは黙殺いたします。吉田首相の当時におけるお話は、たしか私吉田首相の御答弁を聞いておりまして、おっしゃるような趣旨に聞き取れましたけれども、これは結局政治論を言っておられるということがはっきりしたわけでございます。その後における金森国務大臣その他の憲法審議の際における答弁は、みな自衛権はあるということははっきり速記録でも出ておるわけであります」（昭和29年3月16日衆議院外務委員会）。

佐藤によれば結局のところ、吉田の発言は「政治的な見解」であり、「金森国務大臣が法律的見解の答弁の責任大臣」であるので、「当時の政府の憲法についての説明というものは、今日私が申上げておるところと根本において何ら変っておりません」とのことです。さらに「失礼でありますけれども、吉田総理大臣は法律の非常な立派な専門家であるとは私は率直に申上げまして思いません。従いまして戦力であるとか武力であるとかという言葉をそう法律的に正確に使い分けておられたとは考えません。今でも恐らく、或いは場合によってはその使い分けを混同されるかも知れないと思うのであります」とまで言い切っています（昭和29年4月23日参議院外務・内閣・大蔵連合委員会）。

総理大臣がいかなる政治的発言をしようが、憲法の有権解釈は法制局が握っているとの発言により、政府を救いました。ここでいう政治論とは「やるかやらないか」「どのようにやるか」で、法律論とは「できるかどうか」で次元が違います。憲法が自衛は可能だとしても、吉田が政策として「自衛も放棄する」と宣言しただけ、との解釈なのです。

明らかに吉田の発言はGHQ及び日本政府の総意なのですが、「最初から政府の立場は一貫している」との歴史を捏造しました。以後、たびたび繰り返される解釈改憲の栄えある（？）第一号です。

なお、この「失言」は法制局の振り付けでした（吉田茂『回想十年（中）』中公文庫、一九九八年、七三頁）。

佐藤が語った「金森以来の解釈」とは、憲法九条第一項は自衛を禁止していないが、第二項で戦力不保持と交戦権否認を規定しているので自衛戦争を行えないことを意味しています（昭和27年2月27日衆議院外務委員会、昭和27年6月26日参議院内閣委員会）。

この論理では、「戦力」とは何かが本質となります。以後、「竹槍」「近代戦遂行能力」「自衛の最小限度を超える能力」と解釈は転変するのですが、事実、「竹槍」との表現は何度も議会で登場しています。

その最初が、一九四六年九月一三日の貴族院帝国憲法改正案特別委員会での金森の「竹槍と云ふものは戦力にはならぬものと実は思つて居ります」との表現です。金森は「竹槍は戦力ではないでしょう」と言いたかったのですが、「竹槍より強いものが戦力だ」との独り歩きを始めます。

当時の人の理解だと、「原爆は戦力に決まっているが、機関銃はどうなのだ」と言ったところです。金森以来の佐藤の解釈を当てはめると、「警察力だって竹槍より強いのだから、機関銃も持っていい」になります。ここで当時の日本人の大方の意識は、戦時中のような軍の横暴は真っ平御免だけど、いつまでも戦力不保持なんて無理だろうというものでした。

再軍備の真相

さて、一九五〇年の朝鮮戦争で、アメリカは日本に再軍備を要求してきました。といっても、今までさんざん痛めつけてきた日本にそんな力はありません。しかし、朝鮮戦争でアメリカは中国と北朝鮮に大苦戦しました。北九州は日常的に空襲警報が鳴り響きますし、朝鮮人の暴動も頻発します。いくら占領軍でも、外で敵と戦っている最中に、空襲警報やら暴動対処などに当たるわけにはいきません。この時点でのアメリカの要求は「足手まといになるな」でした。こうして吉田内閣は、警察予備隊の創設を決意します。

よく「吉田は最初から警察予備隊を軍隊にするつもりだった」と言われますが、突発的に発生した朝鮮戦争により泥縄式に、警察の手に余る治安問題だけでも対処しなければとの意図で作られたのが真相です。これはいまだに尾を引いています。

よく「自衛隊は誰がどう見ても軍隊だ」と言われますが、これは素人議論です。自衛隊は軍隊ではなく、本質的に警察のままです。これは多くの点でそう言えるのですが、ここでは一つだけ触れておきます。

警察は、許可事項列挙型の法体系です。いわゆるポジティブリスト。政府の命令がないと何もしてはいけません。言ってしまえば、捜査と逮捕だけをする組織です。軍隊は、禁止事項列挙型の法体系です。いわゆるネガティブリスト。政府機能が麻痺した時こそ、政府の命令なくして動けないと秩序を回復できません。武器使用に関しても、軍隊は戦時国際法を守る限り無制限、警察は警察比例の原則と言って、相手より一段強い武器しか使ってはならないとの制約を受けます。自衛隊はこの意味での軍隊ではないのです。

吉田内閣は警察予備隊創設以降、再軍備に乗り出しました。中心人物となる閣僚は、岡崎勝男（官房長官、外務大臣）、大橋武夫（法務総裁・警察予備隊担当大臣）、木村篤太郎（法務総裁、初代にして唯一の保安庁長官、初代防衛庁長官）です。三人とも思想的に保守的傾向が強く、法律家で、軍事外交の専門家でした。基本的に警察予備隊〜保安隊〜自衛隊を創設する時の国会質疑では彼らが答弁するのですが、佐藤も少なからず答弁席に立つこととなります。ある時など社会党の細迫兼光《ほそさこかねみつ》代議士から、「木村長官も法律の専門家ではありますが、長年の政治家生活に、法律的な良心——良心と言っては何ですが、純真性をどうも混濁せられておるような傾向が見えますので、純粋な法律問題としてまず法制局長官に承りたいのであります」と切り出されたこともあります（昭和29年4月16日衆議院内閣委員会外務委員会連合審査会）。

ちなみに首相の吉田はしばしば国会軽視が問題視されましたが、いつもそっけない答弁しかしませんでした。

戦力なき軍隊

今日の自衛隊は警察予備隊から出発しました。通常の警察力では対応できない事態に対処するための実力組織です。この場合の実力は暴力と言い換えても意味が通じます。では、その警察予備隊が持つ実力が、憲法九条二項が禁止する「戦力」ではないとすると、その条件は何なのか。

佐藤の見解は、「警察予備隊の武器使用は警察官職務執行法に準じて行われる、その上で機関銃の保持使用もありうる」でした（昭和25年7月28日衆議院法務委員会）。機関銃に限らず武器の使用に関して、軍隊は敵を倒すために使っても構いませんし、むしろ国を守るために人を殺すことも厭いません。吉田内閣は最初から軍隊を作ろうとしたのではなく、最初は本当に警察（の予備隊）だった。それは保安隊、自衛隊となっても、あまり変わらないのです。これを制憲議会以来の一貫した政府の立場だと言い張るのが、佐藤の役割です（昭和27年12月23日参議院法務委員会）。

憲法九条二項は「陸海空軍その他の戦力」を禁止していますが、それらの定義は何なのか。保守系野党の改進党の八木幸吉代議士は「陸軍とはどういうものであるか、海軍とはどういうものであるか、空軍とはどういうものであるか」と明確に聞いています。これに対する佐藤の回答は「海軍と申しましても陸戦隊などもございますからして、どうも私どもが法律屋として的確なる定義を下せと仰せられましても、これは困難であると思います。従つて大きな常識から言って、空軍と言えば空で戦いを交えるもの、海軍と言えば主として海の上で戦いを交えるもの、陸軍と言えば陸の上でと、かような意味で重点主義で大きく申上げざるを得ない」でした（昭和29年5月20日参議院内閣委員会）。

問題は「その他の戦力」です。これは英文では「War potential」、直訳すれば潜在戦力ですが、軍事の常識では軍需産業のことです。昔の六法全書には日本国憲法の英文が載っていて、その英文を解釈に用いていました。日本国憲法がアメリカの押し付け憲法だとの事実は、当時の日本人は誰でも知っていました。だから「兵器生産も禁じられているということから考えても明らか」と聞くような議員もいるのですが、佐藤は「これはもうそつけなく申上げれば、英文というものは何でもございません、日本文が正文でございます」と全否定します（昭和27年3月23日参議院予算委員会昭和27年度予算と憲法に関する小委員会）。もし法律の正当な読み方をすれば、日本は軍需産業を持てないことになるからです。

この佐藤答弁から遡る一か月前の二月、保安庁長官の木村篤太郎は、憲法が禁止する「戦力」の定義を、「近代戦遂行能力」と示していました。佐藤は「どこにこういう学説があるか」と聞かれ、滔々と「東大の先生がたの編さんされました、御承知だろうと思います。例の註解日本国憲法という上中下に分れたのがございます、その中に辛うじてといいますか、一つの表現が出ております。（…中略…）数カ国の強国というものによつて大きな戦力を持たれているような今日の情勢においては、この日本国憲法のいう戦力の限度というものは、相当高いものだということははつきりその中にあるのであります。それを簡単な言葉で現わすと近代戦争遂行能力、これがぴつたり現わすのじやないか」と助け船を出しています（昭和27年3月23日参議院予算委員会昭和27年度予算と憲法に関する小委員会）。さらに「二十七年度の予算に出ております程度では戦力に該当しないと私は確信いたしております」「治安維持の面から必要とする限度の実力は止むを得ない」と語っています（同右）。

佐藤は軍需産業については、「国内の民間工場において兵器の生産が行われておるということだけでは、憲法第九条の問題には乗つて来ない」と言い切りました。議事録には「おかしいね」「詭弁だ」との野次が飛んだと残るほどです（昭和27年11月28日参議院本会議）。そりゃそうでしょう。佐藤もわかっていて嘘をついているのですから。

日本国憲法が禁止する戦力の定義が、最初は「竹槍より強い武器」だったのが、「近代戦遂行能力」に変化したことは佐藤も意識しています。故に、そこは解釈変更ではなく政府の立場は一貫していると強弁するのが佐藤の役割です。「いろいろな普通の警察も、自治体警察といえども或る種の実力は持つておるわけでありますから、それが国内治安維持の役に立つこともありましょう。或いは先日来御答弁申上げておりますように、若しも万一外からの侵略ということがあつた場合には、国民が石を持ち、或いは竹槍を持つというのと同様に一体となつて臨機に防壁になるというようなこともこれはあり得る。而してそれは憲法の禁止するところではない、こういうことでいいでありましようか」（昭和27年3月24日参議院予算委員会昭和27年度予算と憲法に関する小委員会）、あるいは「一個中隊くらいにしか当らんものを陸軍と名附けましたところで話にならん」「竹槍のみを持つておるものに対して陸軍という名前を附けた場合も、これはいろいろ考えられる」（昭和27年6月26日参議院内閣委員会）、「竹やりを持つた人が三十二万ということがお話にならない」（昭和28年12月11日衆議院外務委員会）といった答弁を繰り広げます。

こうした政府の立場は、マスコミ主導で「戦力なき軍隊」と揶揄されることとなります。つまり、「警察予備隊」「保安隊」そして「自衛隊」と、名前は軍隊ではなくても実質は軍隊ではないかとの批判です。木村保安庁長官などは開き直るがごとく「戦力に至らざる自衛力であるから、何ら憲法に抵触しない」と断言します（昭和28年7月4日衆議院予算委員会）。何とか軍隊を持とうとする時代にはこれが限界なのでしょうが、まさか木村も「戦力に値しない存在だから違憲ではない」と自衛隊が令和の現在でも言われるとは、夢にも思わなかったでしょう。

マスコミなど言論界は革新（リベラル）が主流ですから、本気で憲法九条を守れと迫ります。そして現実の政界では、革新の代表である社会党が三分の一の議席を持っていますから絶対に憲法改正はできません。だから保守勢力は憲法改正によらない解釈改憲を選び、さらに解釈改憲ではなく政府の立場は一貫していたとの歴史捏造を行わねばならないから、当然の矛盾が生じるのです。

「交戦権」とは戦いを交える権利ではない

九条二項の削除を最優先すべきとの改憲論は有力です。他の部分は運用できるが、九条二項の交戦権だけはどうしても削除しなければならないとの考えです。確かに、文字通り「戦いを交える権利」が許されないのなら、それは主権国家ではありません。しかし、法制局の解釈は、はるかに複雑です。

佐藤は交戦権の定義を、国際法から解釈します。すなわち、戦時国際法においては平時においては許されない外敵行為も許される。たとえば、船舶の拿捕、占領行政、敵を追撃して殲滅する、など。しかし、国際法上すべての主権国家に許される権利も、その国が自国の憲法以下国内法で縛ることもありうる。そこで日本政府としては、「警察行動の場合と同じように、比例の原則といいますか、必要の限度における実力の行動でなければならぬというような制約が来る」とし、それを超える行為はできないとします。これは金森憲法担当の国務大臣以来の一貫した解釈だとの前提です（昭和28年7月18日衆議院外務委員会）。国際法上認められた権利のかなりの部分を放棄した存在であるから違憲ではない――これは保安隊が自衛隊に改組されてからも影を落とします。

一九五四年三月一一日、吉田内閣は自衛隊法と防衛庁設置法の、防衛二法を提出します。四月六日、法制局は第二次安倍政権の二〇一五年まで続く、「急迫不正の侵害がある」「排除のために他の手段がない」「必要最小限度の手段であること」の自衛権発動の三要件を提示しました。これは外務省からの発案でした。

同年三月一六日の衆議院外務委員会で下《しも》田《だ》武三《たけぞう》外務省条約局長が戦時国際法上の交戦権は否認されているので自衛隊の実力行使は無制限ではありえないが、自衛権は認められている。よって「国際法上自衛権を行使し得るのは、急迫した危害が国家に加えられるということ、そして危害除去に必要な限度でなければ行使し得ないということ、またその危害を除去するために他にとる手段がないということ、この三つの条件が必要」としています（昭和29年3

◆交戦権

自衛権	自衛以外の交戦権
条件付き可	不 可

月16日衆議院外務委員会）。その解釈の幅を広げることで、自衛隊を軍隊に近づけようとしていたのです。下田もまた「満州や北鮮を爆撃するというようなことは、自衛権の認める限度以上のものであろう」との（同右）、戦時中の軍に反感を抱くオールドリベラリストの立場です。

　これを図にすると、上のようになります。

では、自衛の範囲はどうなるのか。下田の答弁を受けて佐藤は「公海まで出て行ってその根源に対してそれをとめる、実力行使をやるということは、私には自衛権の最も厳格なる範囲内において自衛権の発動であると考えられる」との解釈を示します（同右）。佐藤は軍事専門家ではないとして具体的な兵器の禁止には踏み込まず、原理原則だけ示すのが常です。佐藤は下田の示した三要件の制約の中で自衛隊は動く、との見解を示します（昭和29年3月19日衆議院外務委員会）。

　このように、警察予備隊や保安隊は治安対処が主の存在でしたが、かくして自衛隊は軍隊として最小限度の自衛を行える存在となりました。

当時の軍事や国際法に詳しい議員なら、誰も「軍隊ではないのなら捕虜資格が得られないではないか」との疑問がわきます。捕虜は、警察が対処する犯罪者ではありません。そもそも、どこの国でも、人を殺せば犯罪者です。しかし国際法は戦いにおける限られた条件において、戦闘員に「人を殺しても犯罪者にならない」などの特権を与えられます。その特権の一つが捕虜資格です。捕虜とは正々堂々と国際法を守って戦った戦闘員のみに与えられる特権なのです。だから、警察予備隊員・保安隊員・自衛隊員に捕虜資格が与えられるかは大問題となります。

これに対する佐藤の答弁は国際法に基づき明確でした。最初は、平時国際法で対処する、と答えていました（昭和27年6月26日参議院内閣委員会）。だが限界があります。やがて立場も固まり、「不正規軍その他までも実は国際法の対象として一人前の扱いをしておる」とした上で、「交戦権がないということは、いわゆる日本の国内法であるところのこの憲法による一種の自粛的な行為であるわけでありますからして、国際法の外の目から見れば、ただその自粛して活動しておるという、まあ幼稚な言い廻しでございますが、形になるだけであって、国際法上の根本においては立派に一人前の扱いをしてくれる」としました。事実、国際法はゲリラのような不正規軍にも条件次第で捕虜資格を与えるし、戦闘員に準じる扱いを与える。また、国によっては正式な軍隊でなくとも、国境警備隊や治安軍のような軍隊に準じる警察組織である準軍隊（パラミリタリー）というカテゴリーもあります。パラミリタリーには国際法が適用されます。

自衛隊は国際法からは軍隊の資格を認められているけれども、国内法により軍隊の資格を自粛している準軍隊なのです。したがって一般に言われる、「どこからどうみても軍隊」は誤りなのです。軍隊だったら、苦労しません。

ところでこの日の質疑では、集団的自衛権が問題とされました。独立回復後も在日米軍が駐留しているのだから、当然の疑問です。自衛権が認められるとして、日本単独による個別的自衛権だけではなく、米国との集団的自衛権はどうなのか、と。

これに佐藤は「日本の国を独自の力で守ることさえできないものがよそのお手伝いができるかどうか、これは別問題といたしまして、理論上の問題といたしましては」と断って、「交戦権を持たずに一体どの程度にお役に立ち得るかどうかという実際問題がまたあるわけであります。それもかまいませんというような考え方、きわめて平和的なお仕事をやらしていただくという場面が理論上ありますれば、これは理論としては当然可能である」と言い切っています。佐藤が「海外に対する公務員の派遣」と表現すると、笑い声が起きました。すぐに「建設省のお役人が技術者としてお手伝いに出て行くという場合に、むしろ近くはないか」とごまかしていますが、集団的自衛権は保持しているし行使できると言っています（同右）。

敗戦への悔しさがにじみ出ていた人物

日本は敗戦後、アメリカの総力戦の一環として日本国憲法を押し付けられました。仮に遠くない将来に捨て去るとしても、一時的には日本の最高法です。何とかして運用できるようにしなければなりません。それが朝鮮戦争でアメリカは方針を一変、今度は日本に再軍備を求めてきたのですが、日本国憲法そのものが障害となりました。占領軍がいなくなると、日本人自身でその障害を乗り越えねばなりません。そうしてなんとか自衛隊創設にこぎつけました。

このすべての過程で法制官僚として重要な役割を果たしたのが、佐藤達夫です。

佐藤の答弁を辿ると、敗戦への悔しさがにじみ出ています。占領下でもマッカーサーの発したポツダム勅令をいただかねばならない現実への悔しさをにじみ出させています（昭和22年12月6日参議院司法委員会）。この「ポツダム勅令」という言い方自体が、マッカーサーの無法をなんとか当時の法体系に取り組もうとした苦心の産物です。当時の政府はポツダム宣言受諾による占領下の命令に従うことを、帝国憲法下の緊急勅令という形で取り込みました。しかし、ＧＨＱのやることを、日本の法制官僚は完全に正当化などできるはずがありません。佐藤も「場合によっては私どもの企てが思う通りにならぬ場合も過去においてございました」と明言しています（昭和25年7月28日衆議院法務委員会）。

改進党の並木芳雄代議士から、独立後も東京裁判による「戦争犯罪人」を拘束しておかねばならないのは憲法違反ではないかと問われたときは、「事情はいろいろ御承知のようなことではありますけれども、日本人が日本人の戦犯者を引続いて拘禁するということは、これは一つの不幸」とした上で、超憲法的な一つの法秩序のもとにおいてすでに成立、確定した判決というものをつかまえまして、その効果を後も引続いて認めるということにとどまる」と苦渋の答弁を行っています（昭和28年2月14日衆議院外務委員会）。

占領軍は「必要は法に優先する」とばかりに、多くの日本変革を行いました。法の安定性を生業《なりわい》とする法制官僚の佐藤の心中は容易に想像できるでしょう。

大きく変質した内閣法制局

ところで、法制局は帝国憲法下と日本国憲法下で大きく変質しました。

社会党右派の鈴木義男衆議院議員（片山・芦田内閣で司法大臣と法務総裁。弁護士）は、戦前は「本来は国会が立法の最高機関でありますから、もう内閣の方ではあまり必要がないはずでありますが、実際は予算との関連において法律をつくらなければならぬという関係から、また行政制度全般を見通して、世界各国の実例等と比較しながら、常に最上の立法を続けて行くというためには、法制局長官というものの地位は非常に大事なものである。（…中略…）十分なスタッフを持つて常に全世界に目を張つて立法の比較研究をして行く、そうして政府から命ぜられて技術的な立案修正だけをやるのでなく、進んで意見を提出し勧告をするというだけの権威を持たなければならぬ」と述べましたが（昭和27年5月15日衆議院内閣委員会）、現実の法制局はこの通りになりました。鈴木の「法制局長官というものは技術家であつて、立法の技術を忠実にやつておればよろしい、事務官僚の優秀な者がよろしいわけであります。ところが常にそのときの内閣の最高政策にやはり参与せざるを得ない。結局普通の事務官僚では物足りないということになつて、古い制度のもとにおいても、だんだん後期になりますと法制局長官は政治家をもつて充てるようになつた」との表現は（同右）、正鵠を得ていると言えます。

戦前との比較に関し、佐藤は「私は法制局に初めて入りました、昭和七年でありましたか、そのときはたしか三十七件ぐらいの法律しかなかつた。非常に昔は国会に御厄介になることが少なかつた。最近における政府案の激増は御承知の通りで申上げるまでもございません」「法制意見の仕事、法律の解釈のほうの仕事というのは当時ありません」と述べています（昭和27年6月26日参議院内閣委員会）。

こういう育ちをした佐藤ですが、佐藤も人の子。弁護士で右派社会党の伊藤修参議院議員から、公安調査庁設置法の条文の不備を指摘されたことがあります。伊藤は他の設置法の立法例と比較し、長官の設置がはるか後段にあって不適切であると指摘しました。これに対し佐藤は素直に「誠に敬服いたしました。御指摘の通りでございまして」と認めています（昭和27年5月22日参議院法務委員会）。ただし、指摘は重要ではないとしてそのまま原案通りに可決してしまいました（現在の改正公安調査庁設置法では、他の設置例と同様、第二条「設置」において長官の規定を置く）。こういうことがあると、何のための国会審議だと言いたくなりますが。

佐藤は無《む》謬《びゅう》性《せい》とは無縁です。これを佐藤自身の言葉で語らせると、「内閣々々において正しいことと信ずるとてその憲法解釈を打出すことは理論上は当然」「神様の目を以て憲法を見ておるならば、神様が変りません以上は憲法の解釈というものは変らないはずだと思います。

但し遺憾ながらその解釈に携る者は人間でございまして、人聞［人間］というものには進歩があるわけであります。その進歩によって解釈がだんだんと進化を遂げて行くということは、これはもう否定すべからざる事実であると思います」となります（昭和29年4月22日参議院外務・内閣・大蔵連合委員会）。

法制局は強い力を持つことになりましたが、それは憲法を骨抜きにし、アメリカ抜きで自分の国を守れる日本に戻すためだったのです。

佐藤が目指していたこと

吉田内閣の時代、法務検察においては戦前以来の内部抗争が激化していました。一九五一年、時の法務総裁大橋武夫は検察官の派閥抗争に介入し、検察庁法に基づき木《き》内《うち》曽《つね》益《のり》最高検次長検事を左遷しようとして、激しく争います。「木内騒動」です。抗議した木内が自ら検察を去ることで決着しましたが、この騒動の過程で大橋は法制局長官である佐藤に意見を求めています（小著『検証　検察庁の近現代史』光文社、二〇一八年、一六六～一六九頁）。法律の専門家である検察官たちの人生をかけた抗争でも、佐藤法制局長官の権威は光りました。

佐藤が仕えた吉田茂内閣の命取りとなったのは、造船疑獄です。一九五四年四月、吉田の片腕である佐藤栄作自由党幹事長に対し、検察から逮捕請求がなされました。しかし、犬養《いぬかい》健《たける》法務大臣は検察庁法第十四条に基づく「指揮権発動」を行い、佐藤逮捕は免れます。これにより吉田政権は半年以上も延命します。さて、誰が「指揮権発動」を入れ知恵したか。

【検察庁法】

第四条　検察官は、刑事について、公訴を行い、裁判所に法の正当な適用を請求し、且つ、裁判の執行を監督し、又、裁判所の権限に属するその他の事項についても職務上必要と認めるときは、裁判所に、通知を求め、又は意見を述べ、又、公益の代表者として他の法令がその権限に属させた事務を行う。

第六条　検察官は、いかなる犯罪についても捜査をすることができる。

②検察官と他の法令により捜査の職権を有する者との関係は、刑事訴訟法の定めるところによる。

第十四条　法務大臣は、第四条及び第六条に規定する検察官の事務に関し、検察官を一般に指揮監督することができる。但し、個々の事件の取調又は処分については、検事総長のみを指揮することができる。

誰がこんな条文を思い出し、「法務大臣は政治家の逮捕を阻止できる」などと解釈を下せるのか。真相は不明ですが、吉田内閣に知恵をつけたのは佐藤達夫だとの説も有力です（前掲『検証　検察庁の近現代史』一八三〜一九〇頁）。

黒子ではあるが、政局の重要局面、そして何より「日本の再軍備」との重要政策に佐藤が重要な役割を果たしたのは間違いありません。また、戦前とは比較にならない法制局の重要性は、佐藤から始まります。

その佐藤は何を目指していたか。

九条二項が禁止する戦力とは何かをめぐる並木芳雄とのやり取りを紹介しましょう。並木が「米軍が撤退をして日本軍がこれにかわつたときということが、一番具体的な例としては的確なものですか」と問うたのに対し、佐藤は「アメリカ軍がだんだん撤退して、こつちは漸増か増強か知りませんけれども、自主的の力を増して行くという話はたびたび出ておりますし、そういう筋道からたどつて参りますと、先ほど私が例に引きましたように、全然アメリカさんのごやつかいにならずにやれるという段階を想定するのが自然な形ではないか、適例ではないかと思つておつたのでありまして、それ以外に別に名案は持ち合しておりません」と答えました（昭和28年12月11日衆議院外務委員会）。

佐藤に限らず、当時の日本人は米軍が永遠に日本に居座るなどとは考えていませんでした。これは言い換えれば、アメリカが日本を守っている限り、自衛隊は憲法が禁止する戦力には値しない、ともなってしまうのですが。

第二章

林修三長官――憲法第九条を骨抜きにする

2・1　四代の内閣を支える

林修三の人となり

吉田茂は「軍備に金をかける余裕はない。まずは経済を立ち直らせるのだ」と、軽武装・経済重視の方針をとりました。この「軽武装・経済重視」は吉田や政権の中枢にいる人間は一時しのぎのつもりでしたが、やがて「吉田ドクトリン」と呼ばれるように、最初からその戦略を採っていたかのように信じられていきます。

吉田の方便を徹底的に攻撃したのが、鳩山一郎とその徒党です。「日本は独立国なのだから、自主憲法を持ち、自主防衛をするのが当たり前」と正論を旗印に派閥抗争を挑みます。後に首相となる岸信介《きしのぶすけ》も「自主防衛、自主憲法」では鳩山に同調します。政治家たちが入り乱れる派閥抗争の末、一九五四（昭和二九）年一二月に吉田は政権を失います。鳩山や岸らは吉田総裁をいただく自由党を脱党、鳩山を総裁とする日本民主党を結成、鳩山内閣を成立させました。

佐藤達夫法制局長官も吉田に殉じ退任、林修三法制次長が長官に昇格します。

林は、鳩山内閣（一九五四〜五六年）の後も病気短命退陣の石橋湛山《いしばしたんざん》内閣を挟んで、岸信介内閣（一九五七〜六〇年）、池田勇人《いけだはやと》内閣（一九六〇年〜六四年）の約一〇年間、法制局長官の地位に留《とど》まります。在任中の一九六二年、法制局は衆参両院の法制局と区別すべく、正式に「内閣法制局」と改称されます。

林は一九一〇（明治四三）年生まれ、東京出身。大蔵省から法制局へ入ります。ちなみに林を法制局へ送り込んだ大蔵次官は池田勇人です（林修三『法制局長官生活の思い出』財政経済弘報社、一九六六年、八頁）。

実務家かつ学者肌で、『法令用語の常識』『法令解釈の常識』『法令作成の常識』（日本評論社）などの著作があり、法令用語を体系化した人です。

敗戦直後に元号法を起案していた人でもあります。元号法が成立するのは一九七九（昭和五四）年、第五章で詳しくお話ししますが先見の明がありました。

思想的には保守で、退官後はタカ派評論家として『正論』などの保守系雑誌に寄稿しています。

ところで、林にはおもしろいエピソードがあります。一九五二年四月一五日の参議院外務・法務連合委員会で、外国人登録法案及びポツダム宣言の受諾に伴い発する命令に関する件に基づく外務省関係諸命令の措置に関する法律案が議論されていました。政府委員として答弁していた林に不満な議員たちは「責任のあるあれができますか」「林君では、午前のような答弁では……」「心許ないじゃないかね」「心許ないですからね」などと、要するに「長官の佐藤が出てこい！」と求められるのですが、当の佐藤が「ここに詳しいのがおりますから一つ……」と、無理に林に答弁させます。少しでも地位が高い官僚に答弁させようとする議員心理は今でも一緒ですが、当時の吉田内閣は首相が率先して「議会軽視」と批判されるような有様です。林もとんだとばっちりですが、佐藤の信頼は厚かったようです。

この林が、鳩山・石橋・岸・池田の四代の内閣で法制局長官を務めます。結論から言うと、林長官の下で憲法九条は骨抜きになりました。朝鮮戦争以後の佐藤長官の路線は、林長官によって頂点に達します。

鳩山一郎は憲法改正を諦め、解釈改憲に舵を切ります。続く岸は言わずと知れたタカ派。吉田が結んできた安保条約の改正に政治生命をかけますが、憲法九条の無効化にも腐心します。安保闘争で退陣した岸の後を継いだ池田は、国防問題や憲法改正に不熱心だったと言われますが、それは事実と異なります。

池田勇人と林長官の再評価に関しては、樋口恒晴『「一国平和主義」の錯覚』（ＰＨＰ研究所、一九九三年。後に加筆修正版『「平和」という病』ビジネス社、二〇一四年刊行）を挙げねばなりません。本書も大きく依拠しています。同書は、池田内閣こそ戦後日本人の防衛意識が頂点に達した時代の政権であり、林長官の功績は大きいと評価します。

さて、佐藤以来の憲法九条を骨抜きにする解釈改憲の路線、林はどのように進めたのでしようか。

2・2　憲法解釈で自主防衛

憲法第九条に関する公式見解の基礎を築く

憲法改正は、賛成派が衆参両院で三分の二以上の議席を持っていないとできません。鳩山内閣は少数与党ですし、三分の二以上の賛成など得られるわけがありません。鳩山がどんな憲法解釈をするのか、注目の的となりました。

林はさっそく新内閣の第九条に対する解釈態度を固めるべく各方面へと働きかけ、一九五四年一二月二一日から二三日にかけての予算委員会で発言します。このときの答弁で林は、その後の鳩山・岸・池田内閣を通じて、政府の憲法第九条に関する公式見解の基礎を築きます（前掲『法制局長官生活の思い出』九四〜一〇〇頁）。

一二月二一日、鳩山内閣が誕生した直後の衆議院予算委員会での林長官答弁は「必要な限度において持つところの自衛力というものを禁止しておるということは当然これは考えられない、すなわち第二項におきます陸海空軍その他の戦力は保持しないという意味の戦力にはこれは当らない」です（昭和29年12月21日衆議院予算委員会）。

二日後には、「一切の戦い得る力を否定しておるものではない、……自衛のために必要相当な限度の実力部隊、こういうものを持つことは二項は当然認めておるものである、そこで保持を禁じておる戦力には当らないものである」と付け加えます（昭和29年12月23日衆議院予算委員会）。

してはいけない戦争のための戦力は持ってはいけないけれども、しても構わない戦いのための実力は持ってもいいのです。実力部隊を持っても、憲法が禁止している戦力には当たらない。「警察は実力です。警察は戦争をするためのものではありません。自衛隊も同じです」という解釈です。平たくいうと「戦争の役に立たない自衛隊は合憲」との解釈で最初は乗り切りました。

これには改進党の八木幸吉から「法制局長官に伺いますが、吉田内閣当時の憲法第九条第二項の解釈と、今の解釈とは違っていると思いますが、違ったと解釈してよろしゅうございますか」と当たり前のごとく指摘されますが、林は「これは戦力という言葉の使い方の問題になると存じます。戦力という言葉に一定の意味を持たせて、一定限度以上戦う力を戦力というように言ったのが吉田内閣当時の言い方でございます。しかし必ずしも戦力という言葉に限定しないでも、文字通り素朴に、戦う力を戦力と考えれば、二項で禁止されておる戦力には段階がある、かように言い得るのではないか。その段階が同じか違うかという問題は、必ずしもそこはその客観情勢のいかんによって異なると思います。同じ場合もございます」と馬耳東風です（昭和30年6月11日参議院予算委員会）。

厳密には吉田内閣も解釈変更をしているのですが、朝鮮戦争以後の解釈は一貫しています。ここで重要な点は「自衛のための必要最小限度の戦力」の判断基準で、「国際情勢によって判断」としていることです。

兵器ごとに「竹槍はＯＫ。核ミサイルはダメ」のように「この兵器は可。この兵器は禁止」と決めるのではなく、「戦いは相手がある話なので、相手の状況を見てそれによって決めなければならない」という答弁です。

林長官は前任の佐藤長官同様、日本の法律だけではなく国際法と軍事常識を兼ね備えた人でした。もっとも国際法と軍事常識はコインの表と裏のようなもので、片方を知っている人はもう片方も知っていますし、知らない人はどちらも知らないのですが。素手の相手にマシンガンを向けてはいけないが、敵が大量の核ミサイルを保有しているのにこちらが原爆の一つも持ってはいけないというのはおかしいと、当たり前のことを言っています。

鳩山内閣最終年、一九五六年二月二九日の衆議院内閣委員会では「自衛のための侵略は自衛なのだ」と、まるで「天才バカボン」のバカボンパパのような答弁もあります。もちろん原文はもう少し控えめですが、言っている内容はそういうことです。

原文は「わが国土に対し、誘導弾等による攻撃が行われた場合、座して自滅を待つべしというのが憲法の趣旨とするところだというふうには、どうしても考えられないと思うのです。……他に手段がないと認められる場合に限り、誘導弾等の基地をたたくことは、法理的には自衛の範囲に含まれ、可能であるというべきものと思います」です（昭和31年2月29日衆議院内閣委員会）。誘導弾とはミサイルのことです。

船田中《なか》防衛庁長官が鳩山首相の答弁を代わって読むという形でしたが、統一見解を用意したのが内閣法制局であることは言うまでもありません（前掲『法制局長官生活の思い出』一〇九頁）。

こうした態度は、「日本国憲法といえども座して死を待つのを要求しない」と解釈され、これは現在まで一貫しています。ミサイルで狙われているのに何もできないのではないのです。

「独立国の一つの条件」

鳩山内閣の次は石橋内閣です。

同じ自由民主党とはいえ、鳩山内閣における主流派から非主流派の石橋内閣になったので「法制局長官も政務官でないとはいえ、新しい目で選考されるのが当然だった」けれども、再任になったのは石橋内閣に池田勇人が大蔵大臣として入閣していたからだと、林は推測しています（前掲『法制局長官生活の思い出』二二三頁）。石橋首相は二か月で病気退陣し、この内閣で林が答弁に立つことはありませんでした。

そして次の岸首相は石橋内閣の閣僚をほぼ全員留任させました。

林は岸内閣で、次々と重要な答弁を行っています。

自衛権に関しては「国が独立国として自衛権を持つということは、これはもう独立国の一つの条件であると思います。自衛権のない独立国というものはあり得ないと思います。…(中略)…自衛権という名前は従来の国際法におきましては非常に広く使われておる例があるわけであります。私どもの解釈といたしましては、この憲法による自衛権とはそう広いものではない。要するに他国から武力侵略を受けた場合に、それを排除するに必要な限度、そこにおいて限度もあって、あるいは行使のやり方、あるいは範囲において限界がある。他国の武力侵略を排除するというに必要な限度というふうに私は考えております」と答えています(昭和34年3月12日参議院予算委員会)。

要するに「他国の武力侵略を排除するに必要な限度」が自衛の定義です。それを超える力が憲法の禁止する戦力です。

具体的にはどういうことかと言うと、「そのときの国際情勢あるいは世界の情勢あるいは日本の置かれた地位によって相対的にきまってくる」のであって、この時点では原水爆のような「他国に持っていって使う以外に使い道のないもの」は憲法で禁止された戦力としています(同右)。また、「自衛権の本質上、相手の基地をたたくことが許されるなら、平生からそういう武器を持ってもいいんだなという御質問に対して、それは許されない」という答弁をしています(昭和35年4月19日衆議院日米安全保障条約等特別委員会)。

岸信介の次は池田勇人が首相となります。

林にとって池田は大蔵省時代の先輩であるのみならず、熊本税務署長をしていたときの直接の上司でした。その後もずっと良き先輩として指導を受けていたといいます。この時にも「ぜひやめさせて貰いたいということを談じこんだのであるが、一言の下にはねつけられてしまった。いままでの因縁からいっても、当然お前には自分の補佐をして貰わなければならんといわれるわけで、これには私としても一言もなく、そのまま、第一次池田内閣にも留任することになった」そうです（前掲『法制局長官生活の思い出』二四～二五頁）。

その池田内閣では「専守防衛」というからには、日本の領土・領空・領海の外に出て行ってはいけないのではないかと質問を受けて次のように答えています。領域である三海里の外から軍艦が砲撃した場合を例にあげ、「それに対して対抗できないというものではない」「戦闘行動の態様、武力攻撃の態様によってそういうものを排除するに必要な限度において公空、公海に及ぶことは、これは私は当然のことと思います。しかし、それは自衛権の行使ということによって基礎づけられる範囲に限られることも当然のことでございます」。さらに鳩山内閣の「大陸間弾道弾というようなものによって攻撃を受けて日本が自滅するというような場合に、他に手段がない、座して死を待つということは憲法の趣旨ではあるまい。そういう場合において、場合によってはその発信基地をたたくことも自衛権の範囲として考えられる場合がある」との答弁を念押しで確認しています（昭和39年3月9日参議院予算委員会）。

何をやっても良いわけではないが、自衛権はある、との立場で一貫しています。

「自衛権」と「交戦権」

国際法はすべての国に平等に軍隊を持つ、戦いをする、自分の身を自分で守るなどの権利を認めています。そして、軍隊を持つかどうか、どの程度の実力を備えるかはそれぞれの国に任されています。そのために憲法以下の法令によって、どのように法体系を整備するのかも各国の問題です。ちなみに、ヴァチカンやリヒテンシュタインのように、軍隊を持たないと決めている国もあります。このような国は、交戦権を行使しようとしてもできないことは自明でしょう。

日本の場合も国際法的には戦時国際法上の戦う権利を認められているけれども、自衛以外の権利を放棄しています。自衛隊は準軍隊で、あくまで「軍隊のような存在」にすぎません。そんな自衛隊を限りなく軍隊に近づけたのが林長官でした。

国際法ですべての国に認められている交戦権ですが、日本国憲法はこれをいらないと宣言

林長官時代の自衛権と交戦権の関係

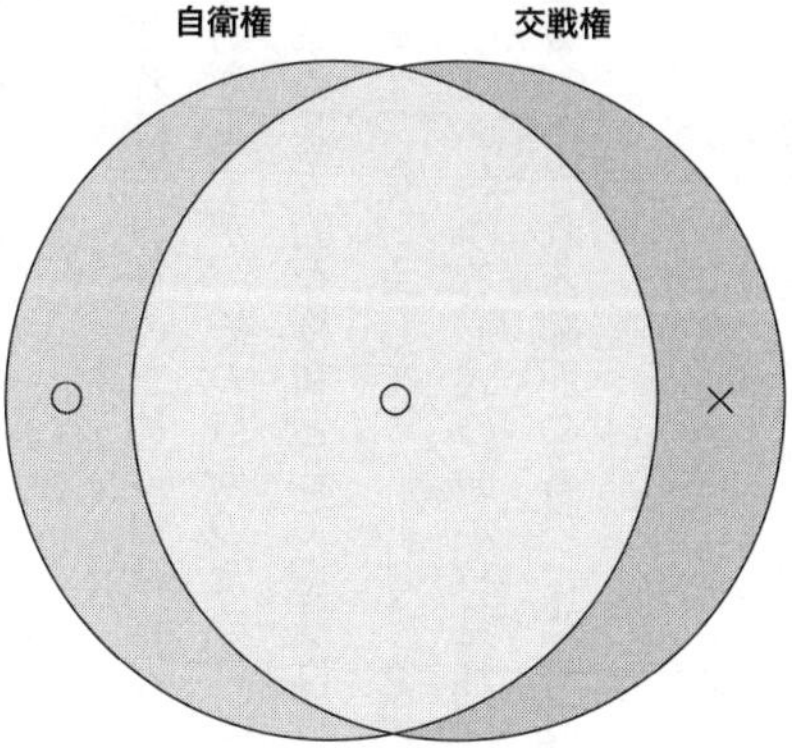

しました。ただ自衛権は国家の本質として否定できません。憲法の教科書ではこれを「自然権」と呼んでいます。自然権とは自然の法則のようなもので、憲法典ほかの条文に文字で書いていなくても存在し、否定できないものです。たとえば、上から物が落ちてくれば誰でも避けます。敵に襲われたら身を守ります。国家もまた攻撃されたときには自分の国は自分で守るのは当たり前、当然の帰結としてそれは認められているのです。

図を見てください。○印は可能な範囲です。そして「自衛権」と「交戦権」は重なるところがあります。結論から言うと、林長官は中央の重なる部分は○としました。そして解釈によってどんどん両者を重ね合わせ、○の範囲を広げていきました。

ここは重要なところなので、詳しくみましょう。

ベン図の重なるところは林もはっきり意識しています。

> これは、自衛のための自衛権というものは、国家の基本権として認められているわけでありますが、その自衛のために必要な措置というもの、いわゆる自衛行動権、これは国家の基本的な権利として憲法は否定しておらない、かように私は考えているのでございます。従いまして、いわゆる交戦権という面とダブる面が、その自衛の行動権の範囲内にはいわゆる形式の面から見れば、あるかもしれません。しかし、自衛行動権によってカバーされる範囲のものは当然認められるものだ、かように考えるわけでございます。
>
> （昭和33年4月18日参議院内閣委員会）

自衛権と交戦権でダブる面があれば、自衛権。佐藤の解釈を大きく進めました。

一九五五年七月二八日参議院内閣委員会の答弁では、かなり丁寧に述べられています。

国際法上あるいは国際条約上日本の国が自衛権も持たない、あるいはさらに交戦権を持たないというようなことは、どこにもこれは国際法上は規定はございません。従いまして、日本は憲法の規定によって自衛権の範囲内においてのみ行動する権限が与えられておる。そういう意味において他国から侵略を受けた場合にそれを排除する措置ができるわけでございまして、そういう行為をするに当っての国際法上の問題は憲法上の規定とは別のものでございまして、国際法上において日本が自衛権を持たないということは全然出てこないと思います。

（昭和30年7月28日参議院内閣委員会）

国際法は自衛権も交戦権も認めている。交戦権を日本国憲法は放棄しているけれども、自衛権は放棄していません。

では、認められる自衛の範囲とはどこまでか。たとえば、韓国が日本に戦いを挑み、九州を占領したとします。九州を取り返すのも自衛ですし、作戦の都合上、プサンあたりを攻撃、逆占領するのも国際法では認められています。しかし、日本国憲法はそういうことを認めません。林の言葉で語れば「普通の軍隊であれは、たとえば戦争が起れば、その形勢によっては外国まで攻め込んでいって戦争をすることは、国際法上何ら禁止されておりません。しかし日本の自衛隊においてはそういうことは憲法上できない。こういうところに一番大きな差がある」です（昭和34年3月2日衆議院予算委員会）。

まだまだ自衛のために満洲に攻め込んでいった記憶が新しい時代です。それでも「一切の自衛も放棄する」と総理大臣が明言していた時代からは、大きく変わっています。

国際法、特に戦時国際法は軍事合理性を基礎に積み重ねられています。一国の憲法で「我々は戦いません」と宣言しても、巻き込まれることはある。戦いに巻き込まれた時は、戦時国際法が適用される。たとえば、通常の兵器による殺傷は合法だが、毒ガスのような非人道的兵器は使ってはならない、など。その当たり前の事実を林は説きます。

> 実は国際法上の問題は憲法とは別な面からまた考えなくちゃならない問題だと思うわけでございますが、日本は、あるいは大部分の世界にある国は御承知のようにヘーグの陸戦法規条約にも参加しております。ジュネーヴ条約にも参加しております。従いまして、国際法的に見て、戦闘行為、敵対行為がありました場合に、その対敵行為に参加する国々はその国際条約によっておのずから縛られるわけでございます。

（中略）

そういう意味における国際条約上の問題は、日本のみならず相手の国もそれに従う義務はある。そういう点は今の憲法の交戦権の否認という問題とは別の問題だと私は思います。

（昭和30年7月28日参議院内閣委員会）

ハーグ条約やジュネーブ条約は戦時国際法、現代風の言い方をすれば交戦法規（国際人道法とも言う）です。実際に戦いが起きたら、どの国も戦時国際法に拘束されます。何をやってもいいわけではありません。戦いにもルールはあるのです。国際法と照らし合わせながら、憲法以下国内法を矛盾なく作るのが文明国であって、日本も当然そのようにすべきであると言っているのが、林長官です。

以下も同日の答弁です。

私は決して国際慣例を破ったような解釈をいたして、自衛権の観念にいたしましても、交戦権の観念にいたしましても、法上から離れた観念で御説明しておるわけではございません。それで先ほど御議論だと思いますが、憲法第九条二項は日本の憲法としていわゆる交戦権を否認しておるわけです。従いまして、日本国といたしましては、他国から侵略を受けた場合に、あるいは他国との国際紛争等が生じた場合に行動し得る範囲は自衛のため必要相当な限度に限られる。つまり自衛権の範囲を越えて他国に対して武力行動をするということは、これは憲法が否認しておるものと、かように考えるわけでございます。

（中略）

ただその他国が、日本の憲法が日本のそういう武力部隊、自衛隊等の行動の範囲を規定しておるからといって、日本の憲法の規定を国際条約として引用することはあり得ない。実際他国との間に今申しました自衛の範囲において敵対行為が起った場合に、特によその国が日本の自衛行動の範囲を評価するにつきましては、これは国際条約に基いて他国もそれについての拘束を受けるわけでございます。

（昭和30年7月28日参議院内閣委員会）

交戦権に関しては、翌一九五六年三月二三日参議院予算委員会でも答弁しています。

戦時において国家が交戦国としての国際法上持つ権能、こういうものの集積と、まあかように考えておるわけでございます。で、一方におきまして…（中略）…自衛権というものは御承知のように急迫不正な侵害がありました場合に、それを排除するために必要な限度において行使される実力、実力行動、こういうことを含むと考えられます。

（中略）

従いまして自衛権の範囲においては、わが国あるいは自衛隊はまあ自衛上の措置がとれる。しかし、これは憲法で否認しておる限りにおいて交戦権というものはない、かように考えるわけであります。交戦権が認められなくても、自衛上の措置は、これは別個の見地から自衛上の措置はできる、自衛権の範囲においてこれはできる、かように考えておるわけであります。

（昭和31年3月23日参議院予算委員会）

前任の佐藤同様、林は国際法に合わせて憲法を解釈しようとしたのです。佐藤は平時国際法から始めましたが、林は最初から戦時国際法です。

また国際法上は可能だが日本は憲法上できないことについて、一九五六年三月（鳩山内閣）に、そして念押しするように六一年四月（池田内閣）にも、もう一度次のように発言しています。

交戦権についてはこれはいろいろ説もあることでございますが、大体私ども考えておる説は、戦時において交戦国が持っておるところの権利、かように考えておるわけでございます。その内容といたしましては、今まで代表的なものといたしましては、ただいま総理大臣から御答弁申し上げましたように、中立国の船舶を拿捕するとか、あるいは占領地行政を行うとか、そういうことが内容となっておると思います。

（昭和31年3月14日衆議院内閣委員会）

「国の交戦権は、これを認めない」という規定もございますが、これにつきましては、一項で自衛権は放棄していなくても、交戦権がないのだから、他国から侵略を受けても抵抗できないのではないかという御議論もありますけれども、この点は憲法議会以来一貫して、この交戦権というものはそういう意味ではない。戦時において交戦国が国際法

> 上認められておるいろいろな権利、占領地行政あるいは中立国の船舶の捕獲とか、そういう権利の集大成をいうのであって、そういうものは日本は国際法的には持っておると思いますけれども、国内法的には憲法で否定されておる。従いましてそういうものは認められない。しかし他国の侵略に対して自国を守る意味において抵抗するということは、ここで言う交戦権の放棄とは関係ないのだ、かように解釈しているわけでございます。
>
> （昭和36年4月13日衆議院内閣委員会）

それにしても「中立国船舶の拿捕」など、レベルにもよりますが、こんなことをやるのは絶頂期の大英帝国ぐらいです。そして占領地行政とはマッカーサーが戦後の日本で行ったようなことです。

禁止事項を明確にしたわけですが、禁止されなくても、そもそもする必要のないことばかりで、実は、それ以外は全部やっていいという解釈でした。

警察はポジティブリスト、軍隊はネガティブリスト。林は憲法解釈によって、自衛隊を軍隊にしたのです。

2・3　集団的自衛権

唯一の最高裁判例

二〇一四（平成二六）年七月一日、安倍内閣は「集団的自衛権の行使容認」を閣議決定しました。「集団的自衛権」は二〇一四年の新語・流行語大賞年間大賞に選ばれています（受賞者は辞退）。判断基準がわかりづらい賞ですが、この年に大きく騒がれたことは間違いありません。

しかし、そんなものはとっくに行使しています。

それが証拠に一九五一（昭和二六）年にサンフランシスコ平和条約とともに日米安全保障条約が調印され、翌年の発効以来、在日米軍は日本に駐留しています。戦時における基地提供は集団的自衛権の行使です。朝鮮戦争以来のアメリカが行ったほとんどの戦いにおいて、日本は集団的自衛権を行使しています。

ちなみに、集団的自衛権についての最高裁の判例は、一つしかありません。それは砂川《すながわ》事件です。これは憲法の教科書に必ず掲載されている判例です。

戦後、東京都北多摩郡砂川町（現・立川市）にある米軍基地の拡張に対する反対運動がありました。一九五七年七月、測量を阻止しようとしたデモ隊の一部がアメリカ軍基地の立ち入り禁止を示す境界柵を壊して基地内に立ち入るという事件が起こり、その後、起訴されました。

ふつうの敷地・建物なら住居不法侵入罪ですが、場所が米軍基地なので日本国の刑法ではなく、日米行政協定に伴う刑事特別法第二条違反を問われました。

被告人側としては禁じられた場所に立ち入った事実は争いようがありません。そこで彼らがとった裁判戦術が、日米安保条約そのものの違憲性を争うことでした。「～刑事特別法」は日米行政協定の下位法。日米行政協定は日米安保条約の下位法です。日本国憲法に違反している日米安保条約に基づく「～刑事特別法」は無効であるから無罪であると主張しました。

しかも、これが東京地方裁判所の一審で「日米安保条約は違憲無効だから、彼らは無罪だ」と通ってしまいました。裁判長判事は左翼裁判官の伊達秋雄。「伊達判決」として有名です。

これが確定してしまうと、在日米軍が日本から出ていかなければならない。地球の軍事バランスが、東京地裁裁判長一人の判決によって変わってしまいかねない事態となりました。

検察は高裁を飛ばし、最高裁へ跳躍上告しました。

今では当時のマッカーサー二世駐日大使（連合国軍最高司令官ダグラス・マッカーサーの甥）が、岸内閣に圧力をかけて跳躍上告をさせていたことが米国の公文書公開によって明らかになっています（布川玲子・新原昭治『砂川事件と田中最高裁長官』日本評論社、二〇一三年）。

その結果、次のような判決が下され、地裁に差し戻されました。

一　日本国憲法の平和主義とは無防備無抵抗ではない。

二　自衛権の行使は国家固有の権利である。

三　集団的自衛権は禁じられていない。

四　外国の軍隊は憲法第九条第二項の戦力ではない。

五　日米安保条約は司法審査の対象外である（統治行為論）。

六　米軍の駐留は憲法の趣旨に合致する。

最初の三つは政府見解と同じです。林長官時代にはどれも「当たり前」となっています。

ここまではいいのですが、ここからがすごい。

四は、詭弁の感がありますが、法制局見解と同じです。

五は平たく言うと、「主権者である国民のみなさまが選んだ日本政府が決めた条約なので、それが憲法違反かどうかなどということは裁判所では決められない」という意味です。これを「統治行為論」といいます。要するに「そんな大それたことは決められない」という意味です。

ちなみに最高裁が役割を放棄するときのもう一つの言い方は「そんなちっぽけなことを持ち込むな」です。こちらにも「裁量行為論」という難しい名前がついています。

六の「米軍の駐留は憲法の趣旨に合致する」は、何を言っているかわかりませんし、本論と関係ないので無視します。

あとの二つはともかく、判決の理論を構成する一～四は法制局の見解通りです。

なお砂川事件の後日譚ですが、差し戻されて再度審理を行った東京地裁（裁判長は伊達ではなく岸盛一という別の人）は有罪判決を下しました。そして、上告を受けた最高裁は上告を棄却し、有罪が確定しています。

さて、日本国は自衛権を放棄していない。個別的自衛権はもちろん、集団的自衛権も保持している。ここまでは争いのない事実です。また自衛権であっても、行使は無制限ではありません。個別的自衛権に関しては、ここまで見てきた通りです。では、集団的自衛権に関しては、どうか。

林はその制限を、「外国の領土で外国を援助するための武力行使は認められない」としています（昭和34年3月16日参議院予算委員会）。

また、「国内の在日米軍基地が攻撃された場合の軍事行動は個別的自衛権」だとしています（昭和34年3月2日衆議院予算委員会、昭和34年9月2日参議院外務委員会、昭和35年2月13日衆議院予算委員会）。ここは「米軍と協力しても、日本の領土を守っているのだから」と、個別的自衛権である点を強調しています。ちなみに米軍基地を日本と一緒に米軍が守って戦ったら、それは集団的自衛権なのですが。

日本の領域外でのアメリカ軍への補給は憲法違反か？

林が長官として仕えた岸首相は、吉田が結んだ日米安保条約の改正に政治生命をかけました。

吉田が結んだ日米安保条約（旧条約）は、サンフランシスコ条約で日本が独立する代わりに、独立後も米軍の駐留を認めるだけの条約です。当時の日本は一刻も早く独立国家に戻りたかった、自主防衛に耐えられるだけの経済力がないので米軍の駐留が不可欠であったことを理由に、吉田は旧条約を認めました。仮に経済力があったとしても、「アメリカの戦争」に駆り出されるのを吉田は嫌がっていました。結果、旧条約は一方的にアメリカが日本を守る、ただし義務ではない、という条約になりました。

曲がりなりにも主権国家ならば、一方的に守ってもらうのではなく、国力に見合った義務を果たさねばならない。たとえば軍隊を持たないアイスランドは、基地提供の義務を果たすことで、NATO（北大西洋条約機構）に加盟しています。岸は「アメリカに日本を守ってもらう代わりに、日本は在日米軍基地を守る」という新条約を結びました。これは今でも続いています。

林の答弁はこうした背景を理解しないと、何を言っているかわからないでしょう。

ところで、米軍基地は日本国土にあっても法的に外国です。「米軍と一緒に行動しても、日本列島にある以上は個別的自衛権だ」などと言ってしまったので、「では日本の領域外ではどうなるか。たとえば公海上ではどうなのか」という議論が出てきました。

そこで一九五九年の安保改定前年の答弁では、

国連憲章が認めた範囲内におきまして、アメリカがたとえばどこかへ日本の駐留米軍が出て行くという場合には、それに対して補給をすることが憲法違反かどうかという御質問かと思いますが、私はこの点は先ほど総理から仰せられたことで、単に補給するという言葉だけで私は納得できない。内容には非軍事的なこともございますし、軍事的なこともあると思います。いわゆる米軍等の軍事行動と一体をなすような私は補給は、日本の自衛隊の任務とは言えないと思います。しかし先ほど言いましたように、病院にたとえば負傷者を収容するとか、そういうようなこと、あるいは日本が経済的行為として朝鮮事変のときにとったようないろんな便宜を提供することは、これは私は日本の憲法に違反することは、ないと思います。

（昭和34年3月19日参議院予算委員会）

集団的自衛権の行使は、限定容認です。

駐留米軍が出動する場合に補給することが憲法違反かどうかと問われ、補給といってもさまざまで、「米軍の軍事行動と一体をなすような補給は自衛隊の任務ではないが、病院に負傷者を収容することなどは憲法に違反することはない」という含みを持たせて、逃げきっています。

海外における軍事行動は制限されるけれども、軍事行動以外は海外でも制限されるものではない。自衛隊の活動範囲を徐々に広げていこうとしていた過渡期の（はずの）答弁です。

結果的には、これが最も伸びきった答弁になってしまうのですが。

憲法改正が不要に……

普通の人が意外と知らないのが、日本は法的には核武装ができることです。

林は科学の発達が予測できないとの前提で、現時点での核兵器は「自衛権という限度から見れば入らない」としつつも、今後は「全部核兵器なるがゆえに頭からいけないと言うのはおかしい」と答えています（昭和32年5月8日衆議院科学技術振興対策特別委員会）。自衛のためならば、核保有容認です。

この「核武装は憲法上可能」という解釈は今でも有効です。法律上は可能だけれども政策論として核は持たないことにしている、というのが日本政府の立場です。

法律論と政策論を分けて考えないといけないのでややこしいですが、林長官の時代、解釈改憲によってほとんどのことができるようになりました。第九条を骨抜きにしたわけです。

できないことは占領地の憲法を変える、平時に中立国の船を拿捕する、ＩＣＢＭの保有など。そういったやらなくていいこと以外は全部できるようにしたのが林長官でした。それでもまださまざまな制約をつけていました。部分的には国連活動など、林長官ができないと言っていたことで、今できるようになっている部分もあります。

ここに、憲法論議の矛盾が発生しています。

日本国憲法を文字通りに解釈したら国は存続できない。しかし、憲法の改正条件が厳しすぎてなかなか改正にまではたどり着かない。それなら国を存続させるために解釈を変えるしかない。正攻法ではダメだと悟った歴代内閣および内閣法制局は、この発想に至ったわけです。しかし、それがうまくいくなら憲法を変えなくてもいいという話にもなります。憲法解釈でどうにでもなるのなら、苦労して憲法典の条文を変える必要はない。改憲派は大いなる矛盾を抱えることになりました。

第三章

高辻正巳長官——「一国平和主義」の開祖

3・1　佐藤栄作内閣の長官として

高辻正巳とは

ここまでのおさらいです。

日本国憲法制定当初の一九四六（昭和二一）年、日本政府は「自衛も含めてあらゆる戦争を放棄する」と宣言しました。法制局の振り付けによる吉田茂首相の明言です。それが一九五〇年に朝鮮戦争が勃発するや、日本政府は「自衛権は最初から放棄していない」との解釈を押し通しました。吉田時代の法制局長官は一貫して佐藤達夫。最初は空想的な解釈をしていたのが、朝鮮戦争を契機に可能な限り普通の国に近づけようとしたのです。

続く林修三長官は、鳩山一郎・石橋湛山・岸信介・池田勇人の四代の首相に仕え、憲法九条を可能な限り骨抜きにします。つまり、交戦権（＝戦時国際法上の権利）は否認されているが、自衛権は認めている。自衛権と交戦権の「ダブる」ところは、自衛権として解釈する。つまり、ネガティブリストです。これにより、占領行政や中立国の船舶拿捕など日本国憲法により禁止されていること（やらなくてもいいこと）以外は、自衛隊は軍隊としての行動が可能になりました。

よく、「戦後一貫した憲法解釈」と言われ、内閣法制局は憲法九条による「一国平和主義」の総本山のように言われますが、朝鮮戦争以後の佐藤と林にはそういう姿勢は見えません。

では、いつからそのような印象を持たれるようになったか。第三代高辻正巳《たかつじまさみ》長官以来です。高辻こそ、いわゆる「一国平和主義」の開祖です。一般に言われる「一国平和主義」とは、自分さえ平和であれば他のことはどうなってもいい、とする主義のことです。このような発想はどこからくるのか。ここまで本書をお読みいただいた読者の方は、ご理解いただけるでしょう。国際法を無視した憲法解釈による国家運営こそ、「一国平和主義」の根源なのだと。

高辻は一九一〇（明治四三）年生まれ。東京帝国大学法学部を卒業し、内務省に入ります。ただし高等文官試験（昔の上級国家公務員試験。略して高文とも）の席次は二二二位で、ほぼビリでした（水谷三公《みずたにみつひろ》『官僚の風貌』中央公論新社、一九九九年、一四一頁）。それにもかかわらず佐藤栄作首相のもとで法制局長官にまで出世、その在任中の約八年間在任し続けました。林とは同年生まれですが、官界では高辻の方が後輩にあたります。

退任翌年からは最高裁判事、ついで国家公安委員に天下り。さらに昭和六三（一九八八）年末からの竹下改造内閣では法務大臣を務めています。一九九七（平成九）年、死去。

3・2　毒を混ぜる

それまでの路線を全否定

さて、前章に続き、重要な先行研究である樋口恒晴『「一国平和主義」の錯覚』（PHP研究所、一九九三年。加筆修正版『「平和」という病』ビジネス社、二〇一四年）を参考にしながらみていきます。

まず、高辻が仕えた佐藤栄作は、長らくタカ派というイメージがついていました。最近はアメリカの公文書公開が進み『佐藤栄作日記』が出版され、多くの事実が明らかになったので単純な図式で語る研究は少ないですが、晩年に非核三原則でノーベル平和賞を貰ってからも、佐藤の「タカ派」「保守」「右」のイメージは崩れません。

なぜか。当時の革新勢力が、とてつもなく「ハト派」「革新（リベラル）」「左」だからです。当時、マスコミをも巻き込んで大暴れしたのが、青年法律家協会（青法協）です。この人たちは、「共産党最左派」のような思想の持ち主で、佐藤内閣を激しく攻撃しました。野党第一党である日本社会党もつられて左傾化します。そうした勢力から見たら、佐藤は「タカ派」「保守」「右」にしか見えません。佐藤内閣期の、こういう空気をまず理解してください。

その上で一つ、具体的なやり取りを見てください。質問者は、社会党左派の岡田春夫代議士。「自衛隊が有事を研究するとはけしからん！」と暴露、追及して佐藤内閣に要求を呑ませた御仁です（三矢事件）。呑む方も、呑む方ですが。

その岡田が「相手が宣戦布告をした場合は戦争ですか」と聞いてきます。これに対し、高辻は原稿用紙一枚分以上の言葉を使って「国際法の関係でいえばそれは戦争状態になるだろう」と答えています（昭和43年3月16日衆議院予算委員会）。ある国が別の国に宣戦布告したら戦争です。当たり前の話です。ちなみにこのやり取り、日本が宣戦布告されたら戦争に巻き込まれるのではないかとの文脈で行われています。高辻は超遠回しに「だから何？」と答えてケムに巻く役回りです。自民党としたら危ない質問で言質《げんち》を与えたくない、マスコミに騒がれたくないのです。

当時、アメリカがベトナム戦争を行っており（一九六四年に本格介入）、「アメリカの戦争に日本が巻き込まれる！」との危機感は説得力がありました。マスコミと言論人は「戦争反対！」「この世から戦争をなくせ！」「憲法九条の平和主義を守って戦争をやめさせよう！」

と煽りまくりました。誰だって戦争はイヤですから、国民には響きます。一方で、歴代自民党政権は無理な憲法解釈を続けてきました。そうしないとマトモな国として生きていけないですし、何より同盟国であるアメリカの要請に応えられません。

そこでパターンが生まれます。

・リベラルマスコミを味方につけた野党が愚かな質問をぶつける。

←

・法制局長官がもっともらしい法律用語を並べて切り返す。

←

・自民党は法制局を頼りにする。

極左の野党から保守の自民党を守る。だから法制局がドサクサに紛れて少しくらい左がかった毒を混ぜても、自民党は気づかない。このパターンが本書で何度出てくるか、数えてみてください。本書だけでも無数、そして実際には星の数ほどあります。

高辻は晩年に月刊誌の対談で、法制局は政策の判断に関して「自分の考えがあっても、これは殺す」と述べています（『諸君！』一九九三年五月号。ジャーナリストの田原総一朗との対談で）。殊勝な態度ですが、実際はどうだったのか。

高辻は就任早々の答弁で、憲法と国際法規の関係について述べています。

> 日本国憲法の九十八条だったと思いますが、確立された国際法規というものは誠実に遵守しなければならぬという規定が特にございます。確立された国際法規、いわゆる国際慣習法といいますか、そういうものは実は憲法との間に抵触関係はない。憲法は一国の最高法規でございますが、その一国というものは実は国際社会に存立しておるわけでございますから、その国際慣習法ともいうべき確立された国際法規とは抵触を生ずるはずはないという考えでございます。……（中略）……したがって、現実には何が確立された国際法規であるかという解釈問題に結局変わってまいります。
>
> （昭和39年12月4日衆議院予算委員会）

要は、「確立された国際法は憲法と矛盾するはずがない。だから憲法解釈によって、何が確立された国際法規なのかは判断できる。すなわち、憲法解釈者である自分が決める」という趣旨です。

空想に走りすぎた憲法を国際法に合わせていった佐藤と林の路線を、いきなり全否定しました。前掲『「一国平和主義」の錯覚』が指摘するまで、誰がこれに気付いたでしょうか。ついでに言うと、中略の部分では「憲法＞条約＞法律」の優位関係にあるなどと、教科書通りの話を繰り広げるので、その場にいる閣僚や国会議員は「ふむふむ」と聞いていたかもしれませんが、無駄話を含んだ長話の中にシレッと毒を混ぜています。

狡猾に立ち回る

高辻は在任中、徹頭徹尾、殊勝に振舞います。ある時、これまた社会党の野上元《のがみげん》（労組の活動家出身）から「交戦権というのは一体何なんです。だれが判断するのですか、解釈を下すのですか」と質問されたことがあります。高辻の答えは「私はこれをむろん独断的に決定的にきめる権能を持っておりません。したがって、こういう解釈はだれもができるものだと思います。思いますが、理論的な問題として、一体政府当局は、この自衛隊なりあるいは自衛隊における防衛活動とか、そういうようなものについては責任を負っているわけでございますから、その限りにおいていかに解釈するかといえば、いま申し上げたような解釈をするというわけでございます」とケムに巻きます。さらに「法律問題になるようなケースがあれば、これはむろん最終的には最高裁なりの裁判所が判断をする」と建前論で念を押します（昭和44年2月21日参議院予算委員会）。

では、高辻が首を縦に振らない解釈を政府の誰ができるのか。現実問題として、最高裁が内閣法制局の見解と異なる判決など出せるのか。

後年、高辻が最高裁判事だった時に、薬局新設距離制限違憲判決が出されています。薬局の新設に際して距離制限を設ける法案が内閣法制局の審査で撥《は》ねられたので議員立法で成立させたら、事件になって最高裁まで上がってきたので違憲判決で無効にされた、という例です。最高裁の判事の一人は元法制局長官の指定席ですから、監視役がいるようなものです。

ちなみに、野上の質問に対しては「これはどうも国際法のことになると、私必ずしも十分な確信がございませんけれども、私の知るところ、もし間違っておりましたら外務当局から訂正してもらいたいと思います…（中略）…重ねて申し上げますが、国際法の解釈になりますとやや不安心なところがございますので、違っておりましたら、他の政府委員から訂正をしてもらいたいと思います」と、殊勝な態度を続けています（同右）。

一事が万事、この調子。狡猾な男です。

3・3　日本国憲法の申し子

無効化された佐藤・林の解釈

林長官は相手との相対的な関係で決まるとして、どの武器は持っていいかなどは明言しませんでした。幅を持たせることで、軍備の充実が可能となります。

しかし高辻は、それを次々と具体化していきます。

まず、「憲法九条のもとにおいて持てる自衛力というものは、…（中略）…自衛のため必要最小の限度」と林前長官の解釈を踏襲した上で、「自衛力の限度とは何であるか」と自ら提起し、「通常兵器による局地戦以下の侵略事態に対処する、それが、実力がそれにふさわしいものかどうか、これは確かに国会、したがってまた国民が判定をすべき問題ではございますが、予算や法律等に関連していろいろ御議論のあるところと思います。しかしともかくも、そういうような局地戦以下の侵略事態に対処する、それに向かって漸進的に整備していくというのが現在の姿でございまして、それが自衛力を越える、憲法が許しておる自衛力の限界を越えるということにはとうていなり得ない」と結論付けています（昭和42年3月25日衆議院予算委員会）。国民どころか国会が実質的な決定をできるのか。高辻自身も明らかに信じていない建前論ですが、それはいいでしょう。

ここで大事なのは、はっきりと「通常兵器による局地戦以下」と言い切っている点です。これでは局地戦を超える侵略に対処してはならないと言っているようなもので、自衛隊の手足を縛ろうとする答弁でしかありません。しかし、質問者は後に社会党委員長となる石橋《いしばし》政嗣《まさし》、教条的護憲派です。この石橋に対し「佐藤内閣が進める防衛政策は憲法違反ではない」と力説する文脈で、こういう発言を混ぜているのです。

高辻の考えは、「自衛のためなら幾ら持ってもいいとは決して政府当局は考えておりません」「限界内のものであれば、自衛のため、自衛の正当な目的を達する限度にとどまるものであるならば、これは憲法の否認する戦力ではない」でした（昭和44年2月21日参議院予算委員会）。前者の毒をどう捉えるかでしょう。後者を聞いていれば保守の守護神ですが。高辻の話、基本的に長いので、ボーッと聞いていると狂信的リベラルの社会党に対し、保守の自民党を守っているようにしか聞こえません。

ちなみに高辻は、「小銃は戦力には当たらない」「原爆保有は不可」「軍艦は中間で不明」と答えています（昭和44年3月10日参議院予算委員会）。基準は小銃や原爆は誰にでも明らかだが、中間的な兵器は意思によって判断するしかない（同右）。これでは、マスコミが野党を使って騒ぎ、法制局が「それは憲法が禁止する戦力に当たる意思がある」と判断すれば違憲、つまり、その兵器をどのように使うかは究極的に法制局にお伺いを立てねばなりません。ドサクサに紛れて、自衛隊の手足を縛っていきます。

高辻は、林長官以来の「占領地行政」は憲法が禁じている交戦権だとの定義に加え、「敵国都市の砲爆撃等」を挙げます（昭和40年3月2日衆議院予算委員会）。また、戦略爆撃機のB52は持てない（昭和44年6月24日衆議院内閣委員会）などと、次々と禁止される交戦権の例を挙げていきます。高辻が念入りなのは、佐藤・林以来の解釈を継続させているとの立場で、それまでの積み重ねを否定していくことです。

もちろん、民間人への無差別攻撃は国際法が禁ずるところですが、すべての都市が無防備都市ではなく軍事都市もあります。可能な限り自衛隊の行動に自由を与えようとしたこれまでと、徹底的に縛ろうとした高辻の路線は真逆です。いわゆる「専守防衛」は、敵から攻め込まれたら防御する、しかし自分からは反撃しないことですが、これでは「座して死を待つことを憲法は求めていない」とした佐藤・林の解釈は無効化されたも同然です。

ちなみに「B52は持てない」は高辻と同日に有田喜一防衛庁長官も口を揃えています。仮にB52が駄目だとすると、敵基地を攻撃できるミサイルはどうなのか。基準がよくわかりません。佐藤や林は、国際法は軍事合理性と密接である。故に個々の兵器の使い方あるいは保有を縛るような答弁を避けました。しかし高辻時代になると、法制局の胸先三寸です。

自民党の大臣はいいように操られています。防衛庁長官時代の中曽根康弘も、海外派兵と邦人保護の問題で、「法制局長官の見解は～」と丸投げです（昭和46年5月14日衆議院内閣委員会）。タカ派イメージの佐藤内閣と一心同体の高辻は頼られきりです。

日本政府は、岸内閣林長官時代に核保有への道を開きました。その解釈は今も生きています。核兵器の中でも必要最小限度の範囲内であれば、憲法上持ち得る。保有するか否かは、政策論の問題。ということです。その上で岸首相は「今は持たない」との立場に立ちながら、いつかは持つかもしれないという含みを持たせていました。

それを高辻は前述の如く、原爆は持てないと言い切ってしまいます（昭和42年3月28日衆議院予算委員会）。

さらに佐藤首相は一九六七（昭和四二）年一二月、核兵器を「もたない、つくらない、もちこませない」の非核三原則を表明します。

まさに一九六七年。ベトナム戦争に苦しむアメリカは、アジアに大国の同盟国が欲しくて、日本に「核武装も含めた自主防衛」を打診してきました。最近の研究によると、これに対し佐藤は同意を与えたそうですが、実際は「非核三原則」で返しています。佐藤・高辻の共同歩調で、アメリカを出し抜きました。

「一国平和主義」の誕生

佐藤内閣は核武装どころか、自主防衛をやる気もありませんでした。

決定的なのが、林が憲法解釈により自衛隊をネガティブリストにしたのに、高辻はポジティブリストにしたことです。

重要な発言なので、長文ですが引用します。

> 自衛のための行動というものは、交戦権の放棄に入らぬのかというような御質疑があるものだと思いますので、やや先走ってお答えして申しわけないかもしれませんが、自衛というものはあくまでも、いままで自存自衛のためというようないろんなことばを使われておりますけれども、私どもが現在言っております自衛権というものは、あくまでも急迫不正の侵害がある、わが国に対して武力攻撃が加えられる、国民の生存と安全が

危うくされる、そういう場合に限っての武力行動だけでございます。それは一国の憲法が、一国の存立と国民の存立あっての憲法が、そういうような国民の生存が全くされないというようなことを放置しておくようなふうには考えられない。

（中略）

国連憲章で、国有の自衛権としての個別的自衛権、集団的自衛権、このうちの、日本は特にまた制限をされまして、憲法九条が制限すると私どもは見ておりますが、全くの個別的自衛権、それだけの場合に限って行なわれるその場合の行動権というのは、全く、よく自衛権の三要件と申しておりますが、急迫不正の侵害がある、他にそれを防護する手段がない、それでまた、これを防護するために必要な限度にとどまる、そういう厳格なる要件のもとに許される限度のものでしかない、そういうものは戦争権に見合う交戦権、これとは本質が違うという考えであるわけです。

（昭和44年2月21日参議院予算委員会）

要約します。すべての国には交戦権が認められている。しかし、我が国は憲法で放棄している。ただし個別的自衛権は厳格な三要件（急迫不正の侵害、他に手段がない、最小限度）によってのみ認められる、となります。これだけで、林どころか、佐藤長官時代の解釈に逆戻りです。そしてトドメを刺します。

> 交戦権というものは、自衛権の行使に伴う自衛行動というものとは別のものであるというふうに考えておるわけです。どういうふうに違うかといえば、先ほど御説明申し上げたように、交戦権というものは、人道主義的見地からする制約以外には制約がないものである、元来。しかし自衛のための行動というのは、自衛権に見合う限度において当然に限界がある。限界があるものとないものとは本質が違う。したがって、ただいま御質疑がありましたように、交戦権を認めるならというお話がございましたが、そういう意味において交戦権は認められておらないと考えていいと思います。
>
> （昭和44年2月21日参議院予算委員会）

あらゆる交戦権を否認

林は自衛権と交戦権がダブるところは自衛権との解釈でしたが、高辻はあらゆる交戦権を否認しました。ベン図を見てください。

林長官時代の
自衛権と交戦権の関係

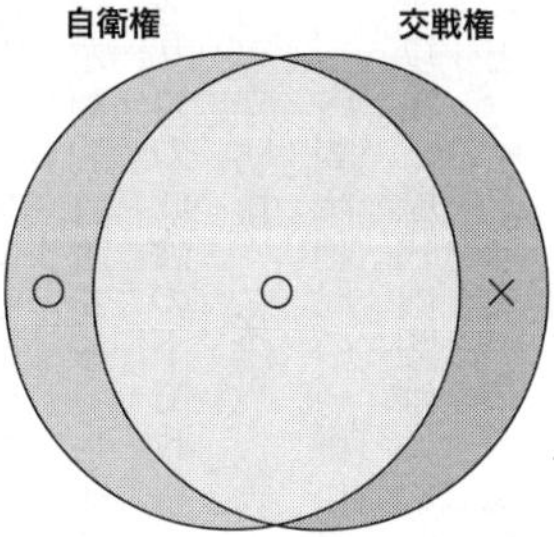

高辻長官時代の
自衛権と交戦権の関係

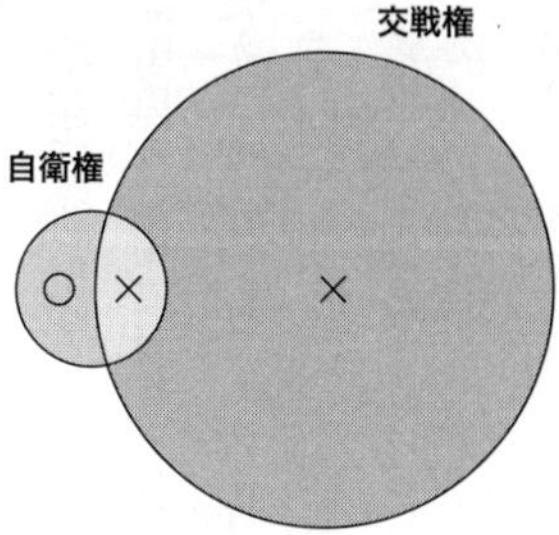

一九六九（昭和四四）年と言えば、岸信介が結んだ安保条約が一〇年を経過し、以後毎年自動更新されることとなる年です。これを阻止しようと革新勢力は大暴れ、大学紛争で東大入試がなくなるほどでした。こうした左傾勢力に対し、「決してあなた方が心配するような危険な解釈はしない」と守護神の如く立ちはだかるのが高辻長官です。

自民党からは頼もしく見えたことでしょう。そうでなければ、防衛庁長官が「B52は憲法で禁止されていて持ちませんので安心してください」のような答弁はしません。以前は、他の兵器を持てるようにする答弁だったのですが、今や逆に何も持てなくなっていきます。

前章までで見てきたように、米軍にはそう遠くない時代に出て行ってもらう前提でした。しかし、今もそうはなっていません。

空想的な左傾的言説を繰り返す革新（リベラル）を法制局長官があしらう。そんな内閣法制局はアメリカの庇護の下で政権を独占する自民党にとっては、守護神に他ならないのです。いわゆる専守防衛、「米軍が鉾《ほこ》だから、自衛隊は盾だけで良い」は、佐藤内閣高辻長官からであって、内閣法制局の一貫した解釈でもなんでもありません。

朝鮮戦争以後、歴代内閣は「いつか米軍に帰ってもらって、日本人自身で日本を守る。日本国憲法など、それまでの借りものだ」との自主憲法・自主防衛を行うことが合意でした。それを佐藤内閣高辻長官は、捨て去りました。

そして、「憲法や防衛をないがしろにして、日本人をエコノミックアニマルにした」との汚名は、池田勇人首相に着せられることとなります。それが嘘であることは、林長官がどんな人だったか、池田内閣で日本の防衛が頂点に達したとの事実だけでわかります。その手口は、前掲『「一国平和主義」の錯覚』及び小著『嘘だらけの池田勇人』で詳述されているのでご参照ください。佐藤と高辻だけでなく、多くの人々が歴史歪曲に加担しています（特に宮澤喜一）。

そういえば、佐藤内閣期は敗戦から二〇年たち、「新憲法」が死語になりました。日本国憲法が定着、そうした時代の申し子が高辻なのです。

個別的自衛権も縛る

高辻は集団的自衛権以前に、個別的自衛権も縛ろうとしました。

高辻長官が自衛権の範囲を狭めようとしているのがよくわかる発言があります。長々とした答弁から要約抜粋すると次のようになります。「国連憲章の個別的自衛権と日本国憲法上の自衛権は性格が同じもの」「日本国憲法が認めている自衛権を非常に厳格に考えたい」「この自衛権の行使の要件というものをわれわれとしては非常に厳密に解していきたい」「日本国憲法のもと自衛権の三要件というものをきわめて厳密に考えていきたい」（昭和44年3月31日参議院予算委員会）。

林長官時代には「日本国の特殊事情である程度の制約があるが、可能な限り最大限行使しよう」だったのが、高辻長官時代に最小限に抑えられてしまいました。

社会党の「爆弾男」と言われた楢崎《ならざき》弥《や》之助《のすけ》が真珠湾攻撃を例に「どのタイミングでなら攻撃してよいのか」としつこく聞いてきたのに対し、高辻も佐藤首相も曖昧な言辞に終始してかわそうとしながら「一発撃たれるまでこっちからは攻撃できない」と取られかねない答弁をしています（昭和45年2月26日衆議院予算委員会）。
高辻は「他国が侵略を受けたが日本は安全であったという場合に、日本がそれに加担をして武力を行使するというのは、憲法九条でいう国際紛争を解決する手段になる（だからできない）。日本が他国の集団安全保障の享受を受けることは、問題にはならない」「日本が何らかの武力攻撃を受けるというときに、日本が外国の武力行使とともに自衛権を発動することはかまわない。日本の国民の生存と安全が危うくされる場合に、日本は武力行使できる。その場合に他国がそれを防衛してくれることは憲法九条の問題ではない」との答弁をしています（昭和40年3月2日衆議院予算委員会）。自分さえよければ同盟国がどうなっても知らない、「一国平和主義」の面目躍如としか言いようがありません。もはや清々しいまでのエゴイズムです。

ただしアメリカを本気で怒らせる気はありません。日米安保条約はアメリカが日本を守る代わりに日本は在日米軍基地を守る。だから在日米軍基地が攻撃された際は、個別的自衛権を発動して守る。こういうところだけ林の答弁を引き継いでいます（昭和43年8月10日参議院予算委員会）。その個別的自衛権の発動の要件が極めて厳しいことを、アメリカがどれくらい認識していたかは不明ですが。

要するに、ベトナム戦争に参加したくはないのです。アメリカの同盟国である、韓国・フィリピン・オーストラリア、それにタイやニュージーランドも参戦しました。冷戦を戦っていたアメリカは、「日・韓・比・豪」の縦の線を、ソ連を海に出さない防衛線と看做《みな》していました。その中で日本だけが一兵も出さない。マスコミに煽られた国内の反戦運動を抑えつつ、テキトーにアメリカのご機嫌を取る。見事なまでの佐藤の二枚舌でした。

ベトナム戦争、沖縄返還

そうした佐藤内閣の守護神としか言いようがない高辻の活躍（?）は、まだまだ続きます。ベトナム戦争や集団的自衛権に関連して海外派兵についても問題となり、高辻は要約すると「海外派兵の定義は明確ではないが、憲法九条にいう自衛の範囲を逸脱するかどうかが問題の中心。一般的に申しまして海外派兵というのは憲法上許されない」と答弁しています。つまり自衛権の限界を超えるがゆえに憲法違反ということです。自衛権を超えない海外派兵は存在しないと。また「国際社会の理想的な形が出現した後の国連常設軍への参加は問題ない」と言いながら「しかし一九五〇年の朝鮮国連軍は、総会が勧告をして、各国が集団的に出かけている。そういうものは憲法の規定があって日本の兵力が武力行使することには多大の疑問がある」と続ける。つまり朝鮮戦争への参加は憲法第九条違反でできない（昭和40年3月2日衆議院予算委員会）。

よくこれで、沖縄を返してくれたなと率直に思います。戦争で取られたものを、戦争をしないで取り返す。いくら佐藤内閣を批判しても、これだけは功績として認めねばなりません。その裏で、実は旧日本兵がベトナム戦争に参戦していたのは、知られざる事実です。ベトナム戦争当時、日本の旧軍人がタイ＝ラオス国境での情報収集と分析に携わっていました。米軍はベトナムやラオス、タイなどに関する詳しい情報を持っていなかったので東南アジアに詳しい旧日本軍関係者がサポートしました。沖縄返還はその見返りという側面がありました（倉山満・中丸ひろむ・江崎道朗『国士鼎談』青林堂、二〇一六年、一三二頁）。

ところで、それが表沙汰になったところで問題はないのでしょうか。実は「義勇軍」は高辻答弁でも合憲です。

民社党の竹本孫一《たけもとまごいち》による質問「日本の兵力としてでなく、個々の日本人が義勇兵、志願兵として相当多数出ていくというような形があっても憲法上疑義がないか」に対して、高辻は「義勇軍は、国家の意思が働かない限りにおいて合憲」と答えているのです（昭和40年3月2日衆議院予算委員会）。したがって個人で勝手に戦いに行くのは構わないわけです。

実は、『佐藤栄作日記』を読んでも、記述が淡々としすぎていて、佐藤が何を考えていたか、よくわかりません。

最新研究も含め通説をまとめると、「〝岸の弟〟ということで佐藤にはタカ派イメージがついていたので、総理大臣を目指す上でその払拭に本人も気を遣っていた。政権の至上命題は沖縄返還であったのは間違いないが、ベトナム戦争に参戦でもしようものなら革新に味方するマスコミを敵に回すので政権維持の上で何が起きるかわからないと考えていた。結局、核武装や自主防衛には二枚舌で応じた」というのが佐藤栄作。そして、こうした佐藤内閣を支える上で必要ならば、「義勇軍が合憲」と言いくるめるくらい高辻にとって朝飯前、なのでしょう。

内閣法制局とアメリカ

ところで、なぜ内閣法制局はアメリカのご機嫌を取るのでしょうか。一つには、敗戦後の日本は厳然たる事実としてアメリカの属国だから、宗主国の機嫌を損ねるとわが身が危ないから。もう一つは、アメリカのご機嫌を取ることは、総理大臣に対する拒否権になりうるからです。これはどういうことか。

この構造を研究したのが、樋口恒晴『幻の防衛道路』（かや書房、二〇〇七年）です。アメリカが日本に防衛努力を求めてきた時、大蔵省（現財務省）がどこまでの予算を認めるか次第に政権の浮沈がかかる。だから時の首相は大蔵省に背中から槍衾《やりぶすま》を突きつけられながら、アメリカと交渉しなければならない。その際、大蔵省はギリギリの線で予算をつけ、政権に恩を売る。アメリカは日本の首相と大蔵省の力関係など知りもしないし想像もできないから、目の前の首相が不誠実にしか見えない。

樋口先生は吉田茂を事例に描いたのですが、この構図は今もあまり変わりません。たとえば小泉純一郎は、在任中の増税を見送った強い首相ですが、一貫して防衛費を減らし続けました。防衛努力を求めるアメリカに対し、自身は「筋金入りの大蔵族」であり「財務省政権」と呼ばれた小泉内閣は、アメリカの要求と財務省の匙加減のバランスの上で政権運営を行っていたのです。

この大蔵省（財務省）を内閣法制局と言い換えても、まったく意味が通じます。すなわち民主国では予算と法によって政治が動きます。予算を握るのが財務省主計局なら、法を握るのは内閣法制局です。そして戦後の歴代首相は財務省と法制局に政権運営を依存しているのですから。

ところで、結局、佐藤や高辻は何がしたかったのでしょうか。明確な資料がある訳でなく、よくわからないのですが、手掛かりはあります。

林修三は回顧録で「政治的方向のすっかり違う内閣に歴任するということは、ほとんど不可能だ」と記しています（前掲『法制局長官生活の思い出』三一頁）。自分は、鳩山から池田までの歴代内閣の方向性と一致していた。裏を返せば、高辻は佐藤内閣八年間の方向性と「すっかり違う」などはありえない、ということです。

また、読売新聞グループ本社代表取締役主筆でマスコミ界のドンと目されている渡辺恒雄は、匿名のエッセーで「歴代の法制局長官には、佐藤達夫、林修三といった練達の能吏が任じられ、特に憲法第九条解釈では、時代とともに解釈を変え、その点、融通無碍・三百代言と言われたこともあった。しかし、その後はかつての法制局解釈との整合性を偏重し、過去の法制局解釈を変えることを忌避することでは、社会党以上に保守的な官庁だった」と、佐藤・林を称揚しつつ、高辻以降の歴代長官を批判しています（渡辺恒雄「内閣法制局は廃止せよ」『Ｔｈｉｓ ｉｓ 読売』一九九七年五月号）。

佐藤内閣は自民党保守政治の黄金期を築いた人物、高辻はその守護神、というこれまでの評価を見直すべきでしょう。

池田内閣までは「いつかアメリカに帰ってもらおう」「日本国憲法も、それまでの辛抱だ」だったのが、佐藤内閣以降は「在日米軍も日本国憲法も永遠」となってしまいました。

第四章

吉國一郎長官——天皇をロボットにした男

4・1　能力に疑問符が付く第四代長官

野茂英雄を「裏切り者」呼ばわり

第三代長官高辻正巳には、徹底した「法匪《ほうひ》」ぶりに、ある種の畏敬の念を抱きたくなります。ワルなのかもしれませんが、少なくとも頭脳は明晰です。しかし、第四代長官の吉國一郎は、「なぜこのような頭脳の持ち主が法制局長官にまで上り詰められたのだろうか」と疑問を抱かざるをえません。

吉國は、一九一六（大正五）年生まれ。一九四〇（昭和一五）年に商工省（後の通産省、現在の経産省）に入省後、戦後は法制局勤務。前任の高辻が佐藤内閣退陣で進退をともにし、その後任に昇格しました。以後、田中角栄内閣（一九七二～七四年）に続き、三木武夫内閣（一九七四～七六年）の途中まで在任。七六年七月、官庁の一斉異動に合わせて退任しました。その後は多くの天下り先の顧問契約で悠々自適の人生を送るほか、プロ野球のコミッショナーも務めています。二〇一一（平成二三）年、死去。

ちなみに、弟の二郎は大蔵官僚。田中内閣が成立する直前に、事務次官に就任。「賢兄賢弟」と呼ばれました。

一郎の後年の話です。プロ野球のコミッショナーを務めていましたが、何の力も発揮できず、プロ野球ファンの物笑いになっていました。

その一が、野茂英雄に対する態度です。野茂は日本人メジャーリーガーの先駆けのような存在ですが、吉國は「裏切り者」と罵ります。野茂の渡米直後には「第2の野茂を出すな」と一二球団に通達を出したほど。ところが野茂がメジャーリーグで活躍を始めると「日本のコミッショナーとして誇りに思う」と態度を一変させました。この掌《てのひら》返しには野茂本人も開いた口がふさがらなかったとか（スポーツジャーナリスト二宮清純《にのみやせいじゅん》氏の寄稿文「そのとき野茂は雪山をバックに投げていた〈後編〉～二宮清純特別寄稿～」二〇〇八年七月二〇日「SPORTS COMMUNICATIONS」）。

その二が、逆指名制度とフリーエージェント制度を同時に導入したことです。プロ野球選手になる時に「ドラフト制度があると行きたい球団に入れない」と逆指名を導入、「希望する球団に入れなかった選手は、一定の年数を活躍すれば行きたい球団に行けるようにしてほしい」とフリーエージェント制度を導入。「逆指名で入った選手がフリーエージェントを利用したらどうするんだ？」とあざ笑われていました。

法律家とは複数の制度の整合性を考えるのが仕事のはずですが……。

4・2　なぜ集団的自衛権を行使できないのか

高辻答弁を引き継ぐ

吉國は基本的に前任者高辻の答弁を引き継ぎます。たとえば、どの程度の規模、内容のものが「自衛のため必要な最小限度の範囲内に属するものであるかどうかということは国会が始終御認定になりまして」と答えています（昭和48年9月4日参議院内閣委員会）。あるいは、必要最小限度の戦力の判断基準についても「専守防衛のためにしか使えないような必要最小限度のものでなければならない」「通常兵器による局地戦以下の侵略の事態に対処することを目的として整備されてきたものでございまして、とうてい近代戦を独自で遂行し得るような能力を持っていないことは明らか」と、高辻の答弁を踏襲しています（昭和48年9月4日参議院内閣委員会）。

より正確に言えば、「戦力は近代戦遂行能力」との解釈は、林以前の佐藤長官時代の言葉を援用しています。高辻もそうでしたが、「内閣法制局の解釈は一貫している」との立場なのです。もちろん、佐藤長官だって「内閣法制局の解釈は一貫している」と強弁しながら、解釈改憲を行いました。ただし、それは最初の解釈が主権国家としてあまりに問題だったので、修正したのです。高辻や吉國は、逆の方向に解釈改憲し直しているのです。

林の時代に「座して死を待つことを憲法は要求していない」との解釈を打ち出し、高辻が死文化させました。吉國は高辻に忠実です。

自衛権がいつ発動できるかについても、わざわざ「当時の高辻政府委員の答弁を申し上げますと」と引用する形で、「武力攻撃のおそれがあると推量される時期ではない」「武力攻撃による現実の侵害があってから後ではない。武力攻撃が始まったときである」と強調しています（昭和48年6月21日衆議院内閣委員会）。これでは「座して死を待て」と言っているのと同じです。

この種の吉國の発言は、留まるところを知りません。

海外派兵も、憲法上明文化されてはいないが、自衛権の限界を超えるがゆえに「限度を越えるものであるから憲法上禁じられておる」とのことです。南極観測隊に自衛隊が参加するのは平和目的だから構わないが、国連軍への参加は禁止、国連軍が撤退した後に自衛隊が韓国に行くのも禁止、という文脈です（衆議院決算委員会、昭和48年9月19日）。

さらに公明党の鬼《おに》木《き》勝利《かつとし》から「朝鮮半島有事の際に自衛隊は在外邦人を救出できるのか?」と質問されると、坂《さか》田《た》道太《みちた》防衛庁長官は「自衛隊法の改正をしなければできない。その研究はまだやっていない」などと答えています（昭和50年12月11日衆議院内閣委員会）。

林長官時代は他国の領土での侵略行為は禁止とだけ言っており、邦人救出にまでは言及していませんでした。

自衛隊の手足は、どんどん縛られていきます。

問題は、これが日本国憲法から導き出される必然的な解釈、すなわち法律論でもなんでもなく、吉國が「それはできない」と言っているだけの政策論にすぎないことです。そして、自民党は法制局長官の答弁を疑いもせずに踏襲していました。

この本質は、意外なところで、あらわになりました。

社会党に完膚なきまでに論破される

林長官の時代はかなりぼかした表現を用いていましたが、集団的自衛権をすでに行使している前提でした。たとえば、岸内閣藤山愛一郎外相が「共同動作をとって参りますことは、集団的な自衛権を行使するということになろうと思います」とかなりはっきり言い切っています（昭和34年7月10日衆議院外務委員会）。

ところが次の高辻は集団的自衛権どころか個別的自衛権も懸命に縛ろうとし、かなり成功しました。令和の今でも、自衛隊は手足を縛られた状態です。

そして吉國は？

結論を先に言ってしまうと吉國は、かの有名な「集団的自衛権は保持しているけれども行使できない」を確定させた人です。

問題の解釈が生まれたきっかけを紹介します。一九七二（昭和四七）年九月一四日参議院決算委員会で水口宏三《みなぐちこうぞう》が質疑を行います。長いのですが、実に興味深いので、詳しく見ていきます。

水口は、いきなりバルチック艦隊の話をはじめます。バルチック艦隊とは、日露戦争中にロシアの太平洋艦隊が日本海軍に押されて苦戦していたので、応援のためロシアが日本に向けて送り出した艦隊です。バルト海を出発して地球半周、ウラジオストクを目指していました。史実では、日本海海戦で東郷平八郎率いる連合艦隊が発見し、壊滅的打撃を与えて完勝しています。このバルチック艦隊は当時、ウラジオストクに行こうとしていたのであって、日本列島を攻撃したわけではない。しかし、見逃せば現存の太平洋艦隊と合流して大艦隊となって立ち向かってくるわけですから、戦況が日本にとって不利になるのは明らかです。

では、バルチック艦隊がウラジオストクに向かって航行している状況では、自衛隊が迎え撃つことができるものなのか？　この水口の質問に、吉國長官はなんと答えたか。

　ロジェストヴェンスキー中将の率いるバルチック艦隊は、いわばリバウの軍港から回航いたしまして、ウラジオに入るという目的で来たものだと思います。ウラジオから先にまたどういう行動に出るか、その当時いろいろ憶測があったと思いますけれども、少なくともああいう状況を考えてみまするに、これをわが国に対する急迫不正の侵害が現に発生したといって自衛行動に移るというには、まだその段階に達していなかったと言うべきではないかと思います。…（中略）…まだ日本に現実に侵略があったという状況では少なくともなかった。したがって、現在の憲法において考えられるような自衛行動に移れるような状況ではなかったということであろうと思います。

（昭和47年9月14日参議院決算委員会）

吉國がかつては軍国少年だったのがわかります。現代日本人が知らない単語がポンポン出てくる。しかし、この状況で止められなかったら、日露戦争の勝利はない。吉國の言うことに従えば、日本は滅びます。

ここで水口は「その艦隊なりその航空部隊がはたして直接日本を攻撃目的として来たのかどうかわからなくても、公海上でそれを迎撃するのか、あるいは日本の領海へ入ったときに、日本の領空へ入ったときに、これを迎撃するのか」と、質問の矛先を防衛庁の久保卓也防衛局長に向けます。

久保は「ある地点から他の地点に移動する、その後の行動が明確でないという場合に自衛の範囲にはならない。…（中略）…公海上でも艦隊が日本を目ざして、日本の侵略のために行動を起こしているということが明白である場合には、公海におきましても攻撃を加えるであろう。それは自衛の範囲に入る」と答えます。

法制局長官と防衛庁防衛局長の答弁が矛盾しました。そして、水口は容赦しません。「バルチック艦隊が単なる移動であるというのは、久保さんらしくない。…（中略）…長途の航路であったから、一応ウラジオストックへ行って補給しようというだけのことであって、バルチック艦隊が日本攻撃のために来たということは明瞭です。じゃ、バルチック艦隊を迎撃することも、当然、自衛行動に入るんじゃないですか」と追撃します。

水口に「そんなの今の憲法でも自衛なんだから撃滅しろ！」と責められて、後に防衛庁の名次官と言われる久保もしどろもどろ。「研究課題」と引き取ります。

見かねたのか、増原恵吉防衛庁長官が出てきて「一週間ぐらいで協議をしてお答えできるようにいたします」と引き取ります。水口は「一週間でこの重大なことが決定できれば非常にわれわれ好都合でございます」と意気軒昂、本題の集団的自衛権に移ります。

これに吉國が、国際法のイロハをわかっていない答弁をしてしまいます。

> 第二次大戦前には、集団的自衛権という概念は、国際法上あまり明確にとらえられていませんでした。いわば戦争中からの集団安全保障体制というような形を頭に入れまして、国際連合憲章で集団的ということばがつけ加えられて、従来の自衛権の観念に付加されたことが学者の通説になっております。
>
> （同右）

集団的自衛権とは、同盟を結んで外敵と戦う。平たく言うと、ヤクザの「出入り」と同じです。一方、集団安全保障とは、国連のような組織にみんなが入って、約束違反をした者を制裁する。「リンチ」です。まったく概念が違います。

何もわかっていない吉國に対し水口は、即座に「どうも専門家に対してこういうことを申し上げるのは失礼かもわかりませんけれども、私は、集団的自衛権と集団的安全保障体制というものとは、これは異なると思うんです」と否定。滔々と違いを説明してあげます。

困った吉國は「外務省から……」と逃げようとしますが、水口は「いや、憲法問題だ。長官が！」と逃しません。

結局、外務省の高島益郎《たかしまますお》条約局長が答弁に立ち、水口が我が国は集団的自衛権に基づいて安保条約そのほかを結んだのではないのかと当たり前のことを聞くと、高島は日本は集団的自衛権を持っているが行使できないと答えてしまいます。

ところで、ここで答弁に登場した高島益郎外務省条約局長はシベリア抑留中に凍傷で足の小指を失っているそうですが、後に駐ソ大使になります。また首相の田中角栄が中華人民共和国と国交を結ぼうとした時に同行、中国の言い分に対し徹底的に法理論で対抗、周恩来首相に「法匪」と罵られても一歩も引きませんでした。周恩来は、のちに「外交官はああでなければ」と讃えたとか（野村二郎『日本の裁判史を読む事典』自由国民社、二〇〇四年、八七〜

八八頁)。

そんな伝説の外交官が、この時はしどろもどろの答弁です。

水口は「納得できない。防衛庁長官にお伺いしますが、海外派兵できないって、どこに書いてますか?」と追及するや、増原は「法制局長官から答弁させます」とたらいまわし。吉國が、「日本国が他国に侵略され国民が非常な苦しみにおちいることを放置するところまで憲法は命じていない。いよいよぎりぎり最後のところでは、この国土がじゅうりんされて国民が苦しむ状態を容認するものではない。したがって自衛のため必要な行動はとれる。憲法が容認するものは、その国土を守るための最小限度の行為だ。したがって、国土を守るためには、集団的自衛の行動は当然許していない」などと言い出します。

これを水口は「憲法論と政策論がどうもごっちゃになっている」と一刀両断。法律家にとって、しかも政府の最高法律顧問である法制局長官にとって、最大級の罵倒語です。内閣法制局長官は、法律上できるかどうかだけを答える役職であって、政策に関してどうすべきか答える権限がありません。それは大臣たちが決めることです。

それに対して吉國はあくまで「政策論ではなく、法律論の話をしているのだ」として前文や憲法第十二条、第十三条を根拠として持ち出しました。十三条は、「生命・自由・幸福追求権」の規定です。後の安倍内閣もこれを集団的自衛権の根拠にしましたが、佐藤達夫長官も持ち出してはいます（昭和27年6月26日参議院内閣委員会）。しかし、何を血迷って十二条なのか。

日本国憲法十二条とは「この憲法が国民に保障する自由及び権利は、国民の不断の努力によって、これを保持しなければならない。又、国民は、これを濫用してはならないのであつて、常に公共の福祉のためにこれを利用する責任を負ふ」です。狼狽したのでしょう。

水口に「関係ないでしょう」と一蹴されます。水口は吉國の解釈は法律的に導き出された必然性はなく、単に「こうしたい」という政策論にすぎないと畳みかけます。

吉國は、もはや自分でも何を言っているかわからなかったのでしょう。日本国憲法下では他国の防衛はできないと言い出します。これでは水口の餌食です。

> どうも法制局長官の御答弁はときどき変わるのですけれども、他国の防衛なんかと私いつ言いました。他国の防衛なんということは、これはもう集団的自衛権に絶対入らないのです、初めから。……（中略）……私が申し上げているのは、そういう〔生命自由が脅かされている〕状況において集団的自衛権が発動できないという憲法上の規定がないで

はないか。

（同右）

水口に、前文は単なる宣言であり、現実には九条が自衛権を認めている。個別的自衛権は行使して良いけど、集団的自衛権が行使できない理由が、憲法のどこに書いている？　あなたが勝手に決めつけただけではないか？　とまで言われています。

これに吉國は「正当防衛の観念を国際法学上取り入れて、国際法上固有の権利として自衛の権利を説明するのに用いたという説明を、先ほど私申し上げました。その観念を変えたつもりは全くございません」などと、もはや何を言っているかわかりません。

あげく、「これは国際法の問題で、私それほど専攻したわけではございません。大かたの学説では、そういうことであったと、私いまの記憶では考えております。それから、ついでと申しては恐縮でございますけれども、たとえばケルゼンのような学者は、コレクティブ・セルフディフェンス・ライトというものについて、自衛権の観念に入れることは、もともと無理だというような説明をしている学者さえあることをつけ加えておきます」などと、「自分は国際法に詳しくない」と言ってしまいました。前任の高辻が「国際法は外務省の条約局長に答弁させます」と威風堂々としていたのと大違いです。あげく、法哲学者のハンス・ケルゼンを持ち出すなど、もはや哀れすら感じます。

そこでトドメです。水口は「集団的自衛権というものは、初めから非常にあいまいなものであるが、少なくとも法的解釈としては、正当防衛に関する自然権であるというのがいま確立をしている。それを前提にして、日米安保条約が締結されているにもかかわらず、あえて日本は集団的自衛権を行使しないというのは、これはまさに政策論じゃないですか。法律論じゃないですよ。この点、条約局長いかがですか」と畳みかけます。吉國はムキになったのか自分で答えますが、「私の、これはお答えと申し上げるより釈明みたいなものでございますが…（中略）…法律論として説明しておるつもりです」と力なく答えます。

ちなみに水口は農林省出身ながら、労組の活動家。社会党左派です。そんな水口に、吉國は完膚なきまでに論破されてしまいました。外務省・防衛庁でそれぞれ「伝説の官僚」となる、高島益郎と久保卓也も他人のフリをするしかありません。

こんな事件があって、その後、一〇月一四日に政府見解として書面で提出されたのが、安倍自民党内閣時代に右も左も金科玉条のごとく掲げ、前提として疑わなかった「集団的自衛権を保持しているけれども行使できない」との政府見解です。

自衛権は無制限ではなく、外国から攻めこまれた時に必要最小限の実力行使はよいが、他の国と集団的自衛権を行使するのは許されるはずだ。これで法律論になっているのか知りませんが。

ちなみに水口宏三は翌年三月一日、参議院議員面会所前で請願陳情の列を前にして演説中に倒れ、その日に亡くなっています。五八歳、心筋梗塞でした。

4・3　天皇に対する問題発言

天皇は元首か

吉國は皇室に関しても数多くの問題発言をしています。

一九七三（昭和四八）年六月七日、衆議院内閣委員会でのやり取りです。民社党の受《うけ》田《だ》新《しん》吉《きち》から天皇は元首であるのかないのかと質問を受け、田中角栄首相が答えます。

元首というものは学問的にも定義がいろいろございます。時代によって変遷をしております。そういう意味で、元首という意味から考えると、ここで元首でない、元首であるというふうに明確にお答えができるとは考えません。

（昭和48年6月7日衆議院内閣委員会）

田中角栄は数字に換算できることは強いのですが、観念論は苦手です。言質をとられたくない角栄が曖昧に答えた後、吉國法制局長官が見事なまでに補佐します。

　元首論につきましては、ただいまの総理の答弁で十分であると思いますけれども、やや詳しく申し上げますならば、昔のように、元首とは内政、外交のすべてを通じて、形式的にも、また実質的にも国を代表して、それから行政権を掌握している、少なくとも三権のうちの行政権を掌握しているというのが従来の古い元首観念の定義であっただろうと思います。現在の憲法のもとにおきましては、そのような定義に照らすならば天皇は元首ではないことは明白でございます。

　しかし他方、最近の学説では、対外的に国を代表する地位を持っているもの、あるいは、実質的には国家統治の大権は全くないけれども、形式上の姿といたしまして、国家

> におけるいわゆるヘッドの地位にあるものを元首とするというような学者の見解もございます。そのような見解に従いますならば、天皇は、先ほど来いろいろ議論がございましたように、国の象徴であるという面を持っておられること、これはもちろんでございます。さらに一部には、外交関係に関連して、国を代表する地位、外国の大公使を接受するということが天皇の国事に関する行為の一つとしてあげられております。そういう面をとらえますならば、天皇は現在の憲法のもとでも元首と言ってもいいではないかというような考え方もあり得ると思います。要は元首の定義の問題いかんによるということでございます。
>
> (同右)

当時の民社党は自民党以上の保守政党、受田は保守的傾向の強い議員として知られています。ただし、弱小政党の、長老議員にすぎません。ここで言質をとられると、革新系マスコミがどんなバッシングをしてくるかわかりません。そこで田中は曖昧な答弁に終始、法制局長官がどう取られてもいいような見解を示します。

しかし、それにしても「ヘッド」とは、暴走族のリーダーでもあるまいし。「Head of

state」のことを言いたいのでしょうが、わざわざ貶めるような言い方をする。「ヘッド」との表現は、二八日の参議院内閣委員会でも、自民党の内藤誉三郎《ないとうたかさぶろう》（タカ派で知られた）に対しても繰り返していますから、確信犯です。

保守政治家からしたら、吉國は「天皇は元首である」との言質を与えてくれた守護神であり、受田への答弁は多くの本で引用されるのですが、吉國の混ぜた毒に、どれほどの人が気付いたでしょうか。

「天皇ロボット説」を政府解釈に

吉國の悪意を、「ヘッド」などという表現一つで決めつけているわけではありません。

吉國の法制局長官時代に昭和五〇年という節目の年がやってきます。つまり昭和天皇が即位してから半世紀が経ったわけです。昭和天皇は一九〇一（明治三四）年生まれ。一九七五（昭和五〇）年には七四歳とご高齢に達せられ、当時の日本人男性平均寿命を超えていました。圧倒的多数の日本人は激動の昭和を天皇として生き抜いた陛下に尊崇の念を抱いていましたが、左翼に牛耳られている言論界やマスコミは違いました。「昭和はもうそろそろ終わるぞ。これを機に皇室を滅ぼしてやる」ぐらいの勢いです。

ここでは天皇の権威をおとしめた天皇ロボット説についてお話しします。

戦後、「天皇ロボット説」を提唱したのは宮澤俊義東大法学部教授でした。宮澤は「天皇はメクラ判を捺すロボット」とまで教科書で言い切りました（宮澤俊義著、芦部信喜補訂『全訂 日本国憲法』日本評論社、一九七八年、七四頁）。今では放送禁止用語ですが、宮澤が使っているのですから仕方ありません。ちなみに宮澤は、長く内閣法制局参与を務めています。ただ、いくら権威がある東大法学部教授の説でも、学者が何か言っただけです。しかし内閣法制局長官が国会で発言すれば、政府見解となります。

以下は一九七五年一一月二〇日参議院内閣委員会答弁です。

> 天皇は、憲法第四条第一項で言っておりますように国政に関する権能を有せられないわけでございますので、およそ天皇の行動があらゆる行動を通じて国政に対して影響を及ぼすようなことがあってはならないということは当然でございます。（中略）最終的には国政全般に対して責任を負っておりますところの内閣が天皇の公的行為についていささかも国政に影響を及ぼすようなことがあってはならないということについて十分に慎重な配慮をいたしておるということでございます。で、私的行為については、事実上

国政に影響を及ぼすようなことが考えられないのではございますが、もちろん、私的な行為を通じてでも国政に影響を及ぼすようなことがあってはならないということは当然のことであろうと思います。

（昭和50年11月20日参議院内閣委員会）

ここで大事なのは、「天皇が国政に影響力を行使してはならない」としている点です。

さらに、天皇や皇族の人権は制約されるとの通説に続けて以下です。

たとえば、表現の自由あるいは言論の自由についても、そこに当然、天皇に限って申し上げるならば、天皇が日本国の象徴であり日本国民統合の象徴である地位を持っておられるということ、また憲法第四条の国事に関する行為のみを行って国政に関する権能を有しないという規定の趣旨からいって、天皇の表現なり言論というものについては、当然制約があることはおっしゃるとおりでございます。また、重大な政治的な論争のポイントになっているような事項について、それが是であるか非であるかということを明らかにするような行為をされるべきではないという点もそのとおりであろうと思います。

（同右）

天皇は政治に関して何も言うな、とまで言い切りました。田中内閣では、増原恵吉防衛庁長官が天皇への内奏の内容を「励まされた」などと記者会見でペラペラしゃべってしまい、「天皇の政治利用だ」として辞任に追い込まれています（増原内奏問題）。こうしたことがあったので、吉國は、田中内閣と天皇を守る、安定的な憲法解釈を打ち出した人と目されます。

さて、吉國の混ぜた毒に気付いたでしょうか。

立憲君主と傀儡の違い

吉國発言のどこが毒か。立憲君主についての国際的な定義からかけ離れた解釈だからです。つまり、文明国の通義を無視している。

左図は専制君主、立憲君主、傀儡の違いを表にしたものです。

専制君主（独裁者）と傀儡《かいらい》（ロボット）の違いは、はっきりしています。

専制君主には権力と権限がありますが、傀儡にはない。厳密に言うと、傀儡とは形式上権限を持っているのに、とりあげられるなどして実際上は行使できない人です。

◆君主の性質

	権力	権限
専制君主 （独裁者）	あり	あり
立憲君主	手放している （ないように見える）	あり
傀儡 （ロボット）	なし	なし or とりあげられている

一方、立憲君主は権限を持っています。そして、権力も実はあるけれども手放しているために持っていないように見える。

この違いを理解しておかないと、立憲君主と傀儡（ロボット）の違いがわからなくなってしまいます。立憲君主は専制君主とも傀儡ともまったく違う存在です。

イギリス、ベネルクス三国、スペイン、デンマーク、ノルウェー、スウェーデンなどは立憲君主国で、たとえば議会の召集や解散を行いますが、君主が個人的な意思から「議会を開け」「議会を解散しろ」などと命令するようなことはありません。必ず首相の助言によって開会や解散を宣言します。総理大臣が解散したいと言っているのに「ダメだ」と拒否することもありません。法律の制定に関しても同様です。

憲政の母国と言われるイギリスでは、一八世紀初頭のアン女王を最後に、議会が可決した法律を国王が拒否したことがありません。しようと思えばできるのです。しかし、その権限を手放しているのが立憲君主です。

日本の天皇は大日本帝国憲法制定以来、誰一人として法律の制定に対して拒否権を行使したことはありません。これも自らの権限を手放している姿です。

行使しなければ傀儡（ロボット）と同じではないかと思うかもしれませんが、そうではありません。大きな違いが二つあります。

一つは有事の対応です。イザというとき、たとえば首都圏が大地震に見舞われたり、クーデタが起きて首相以下政府要人が行方不明になるなどして、政府機能が麻痺してしまったときに秩序を回復する。または外国に攻めこまれて、降伏するかどうか政府も軍も誰も決められないときに決める。このように政府が行動不能に陥ったときに、君主が本来持っている権限、国家の統治権を行使して秩序を回復する。つまり緊急事態に対処するために存在するというのが一つ。

昭和天皇はお気の毒なことに二・二六事件、第二次世界大戦における終戦の御聖断、さらに摂政として関東大震災と右記の三パターンをすべて経験されましたが、明治天皇や大正天皇の時代には幸いそのような緊急事態はなく、天皇陛下が権限を行使する機会は訪れませんでした。立憲君主制とは有事における究極の安全保障装置なのです。非力な傀儡にはそれができません。

もう一つは平時における儀式の挙行です。日本の場合は憲法第七条に列挙されています。ちなみに王様のいないアメリカでは行政府の長である大統領がこれらの儀式を行います。そのためアメリカ大統領の仕事の半分は儀式の挙行です。

会社にたとえると、立憲君主国の君主は代表権のない会長で、首相は社長です。大事だけれども面倒くさい儀式を会長がぜんぶ引き受けて、実務は実権のある社長が担う。アメリカは会長が全部取り仕切る。会社は様々ですが、国家運営は「儀式は元首、実権は首相」と分担するのが合理的だと考えられています。だから、王様のいないドイツやイタリアは「象徴大統領制」です。

そして平時には国家元首は、いっさい政治に口を出してはいけないかというと、そんなことはありません。「警告する権利、激励する権利、相談を受ける権利」があります。これはウォルター・バジョット『イギリス憲政論』（The English Constitution, 1867）に書かれています。イギリスでは憲法と同等の権威を持つ書ですし、またイギリスだけでなく世界の立憲君主国が規範としている文明国の通義なのです。

『イギリス憲政論』には、この三つの権利によって国政にどのように影響を及ぼせるかのマニュアルが一〇ページ以上にわたって書かれています（バジョット『イギリス憲政論』中央公論新社、二〇一一年、九二頁以下）。君主が賢明なら大臣は言うことを聞く。君主が愚かなら大臣は聞かなければいい。いずれにせよ、責任は大臣がとればいい。だから君主が政治に一切の発言をしてはならないことはない。これがバジョットが説き、世界中の文明国が受け入れている立憲君主制の要諦です。

世界標準の立憲君主は、傀儡（ロボット）ではないのです。

ところが吉國答弁は「国政に影響をおよぼすようなことがあってはならない」「政治について発言してはならない」と、ドサクサに紛れて毒を混ぜました。

事実、天皇と皇室は危機に陥ります。

天皇の靖国神社参拝問題

この日の吉國は「天皇ロボット説」を政府の解釈にしただけでなく靖国神社参拝に関しても言及しています。

> そこで靖国神社にお参りになる行為はどうであるかということになれば、これは私人としてお参りになる。天皇もそれは信教の自由はお持ちになっておりますわけでございまして、皇居内においても一定の宗教的行為をなさることもございますが、靖国神社にお参りになる場合も、私的な行動として御参拝になるということをあらかじめ明らかにいたしておきまして、天皇の私人としての行為、したがって私的な行為であるというふうに私どもは観念をいたしておる、そういう理論構成でございます。
>
> (昭和50年11月20日参議院内閣委員会)

天皇は靖国神社に私人としてお参りしているのだと強調しています。それなら総理大臣だろうが天皇だろうが、八月一五日だろうが、いつだろうが、靖国神社に参拝していいはずです。信教の自由は憲法二十条で保障されているのですから。しかし同じ二十条で政教分離が規定されているので公人として行ってはいけない。そこで過去の参拝はすべて私人として行ったとしています。

ちなみに昭和五〇年一一月二〇日は、昭和天皇が靖国神社に親拝なさる前日です。この年は、三木武夫首相が戦後初めて八月一五日に靖国神社に参拝したので、政治問題化していたとの背景もありました。

吉國は、天皇が八月一五日に国が主催する戦没者追悼式（宗教色はない）に参加するのは天皇の公的行為であるとした上で、以下のように続けます。

> これに対しまして、靖国神社に明日御参拝になります場合の姿と申しますのは、もちろん警戒等においてはその地位からいたしまして当然一般私人とは異なるところがあると思いますが、お参りをされることそれ自体は何ら一般私人と変わるところはなく、靖国神社というものが、もちろん神道の施設ではございまするけれども、そこに従来国のために命を捨てた人が祭られてあるという事実に照らしてだけ天皇はそこに表敬をされるわけでありまして、私人がお参りをするのと実質においては何ら異なるところがない。ただ、警戒等においては、その地位からいたしまして当然一般の私どもがお参りをする場合とは違ってくることは、これはやむを得ないことであろうと思います。ただ、戦没者追悼式の場合においては、国の機関が主催をして行う一つの儀式の中の一段階としてと申しますか、一つの行事として天皇陛下がお言葉をたまうということで公的な色彩がきわめて強い。それに対して、靖国神社に明日お参りになる姿は全くな私的なものであ

るという区別があると思います。（同右）

天皇の靖国参拝は、この翌日が最後となります。なぜ途絶えたかは諸説あるのですが、この吉國答弁の翌日が最後となります。

皇室は、さらなる危機を迎えます。

第五章

真田秀夫長官——言いなりになる自民党

5・1　法制局を象徴するような人物

皇室をないがしろにする

歴代長官ごとに解釈が変遷してきた内閣法制局の憲法解釈も、安定してきました。すなわち、「日本は永遠に敗戦国のままでいる。二度と大国には戻らない」。

初代佐藤長官の後半と第二代林長官は、なんとか憲法九条を骨抜きにして日本をマトモな国にしようとしましたが、第三代高辻長官がすべてをひっくり返し「一国平和主義」を完成。第四代吉國長官の頃には定着、その後の歴代長官も「内閣法制局の一貫した憲法解釈」から逸脱しないように腐心します。高辻以降に一貫した、ですが。

第五代真田秀夫長官は、戦後の法制局を象徴するような人物でもあります。

真田は京都帝国大学法学部出身。珍しく東大ではありません。大学在学中に文官高等試験司法科試験に合格し、卒業後、一九四二（昭和一七）年、東京地方裁判所判事に任官。

一九四七年に法制局に転じましたが、同年、ＧＨＱは「法制局長官が法務庁法制長官として任命され得ることを唯一の例外として、法制局の一級又は二級の職員は一人たりとも法務庁に転用してはならないと厳命してきた」そうです。幸か不幸か、そのとき佐藤達夫長官について、ただ一人残れたのが真田秀夫。理由は、任命後の日が浅い参事官だったからです(前掲『内閣法制局百年史』一三九～一四〇頁)。GHQは法制局を内務省と並ぶ官僚機構の牙城と看做して解体を策したとの観方もあります(西川伸一「内閣法制局～その制度的権力への接近」『政経論叢』第六五巻五・六号、一九九七年)。法制局は日本国憲法制定過程でことごとく楯突きましたので、当然でしょう。

独立回復後に吉田茂が内閣法制局を復活させますが、真田は第二部長、第一部長、内閣法制次長などを歴任します。そして、三木武夫内閣（一九七四～七六年）の途中で内閣法制局長官に任命され、福田赳夫内閣（一九七六～七八年）を経て、大平正芳内閣（一九七八～八〇年）の途中まで務めています。長官在任期間は、一九七六年から七九年までの四年間になります。退官後の八一年に死去。在職中に医務薬事法の研究で医学博士を授与されています。前任の吉國と違って、頭脳明晰な人物ではありません。

真田長官の任期中の重要事項は、ロッキード事件、首相の靖国参拝、元号法制定です。また、真田時代に問題となるのは皇室の扱いです。

5・2　ロッキード事件

政治の焦点「灰色高官」

ロッキード事件とは、アメリカの航空機製造会社ロッキードが自社の旅客機を売り込むために各国の政府関係者に巨額の賄賂をばら撒いていた事件です。

一九七六年二月にアメリカで明らかにされ、日本ではロッキードから賄賂を受け取った「灰色高官」が誰なのかが問題となり、田中角栄ほか政財界の大物を巻き込んだ大事件は連日マスコミを騒がせました。

ここでは法制局の役回りに焦点を当てます。

事件が明らかになったときの日本の首相は三木武夫。三木は保守傍流と目され、保守本流を自認する田中角栄・大平正芳・福田赳夫らの三大派閥、彼らを支持する財界、そして官僚機構を敵に回します。ただし三木が、官僚機構の中で敵に回さなかった役所が二つ。一つが検察庁。ロッキード事件の際にも三木は、賄賂を受け取ったとされる前職総理の田中角栄をかばうどころか、逮捕を煽っていたことが今では明らかになっています。もう一つが内閣法制局です。

まだまだ現代史のことなので史料が少なく、あまり気が進みませんが、小説を引用します。自民党の六大派閥が「三木おろし」で三木に退陣を迫っていた時期です。党内の三分の二が敵に回り、三木は衆議院を解散して局面を打開しようとしましたが、反主流派の閣僚は解散の署名拒否の構え。激しく攻防していました。その頃、ホテル・オークラの一室で会合を開いた時の様子です。

> 江崎〔真澄・田中派〕は……さすがに消息通らしくこう言った。
> 「三木は臨時国会を召集したら……冒頭解散を打つという噂もある。それどころか、国会召集なしで、解散する手も考えとるという話も、チラホラしている」
> 「なに、そのときは閣議で、国会召集の件について、署名を拒否すればいい」
> 長谷川〔四郎・椎名派〕が、そう言った。江崎は、
> 「それがますます、油断ならんのですが、その場合、三木は閣僚のすげ替えをするという話も流れている。新閣僚は、議席のない民間人を起用するつもりで、法制局長官に、何人まで民間人を起用できるか、調べておくように命じた、という説もある」

みなが三木おろしに燃えながらも……警戒していることは確かであった。

（戸川猪佐武『小説吉田学校――第五部　保守新流』流動出版、一九七七年、九四頁）

実際の現場を「見たのか？」と著者に言いたくなりますが、空気は伝わります。もっとも、問い合わせの内容が幼稚すぎて信じ難いですが。そして、倍の勢力を敵に回しても、法制局を味方につけて局面を打開しようとする、総理大臣の権力の一端を垣間見ることができます。吉田茂も政権末期に造船疑獄で追及された時は、法制局に頼りました。造船疑獄では裏に隠れていましたが、ロッキード事件では法制局は矢面に立ちます。そして真田の立ち回りが絶妙に上手い。

ロッキード事件における賄賂を渡された、いわゆる「灰色高官」の名簿を三木はアメリカのフォード大統領から受け取りますが、それを公開していいかどうかも法制局長官に尋ねています。名簿が公開されたら政治生命を失う政治家が大勢います。今では、その名簿に田中角栄のほか、竹下登や中川一郎などの名が載っていたことが明らかになっていますが、政局が緊迫しているときの内閣法制局長官の発言には重みがあります。

ここで刑事訴訟法を確認してください。

【刑事訴訟法　第四十七条】
訴訟に関する書類は、公判の開廷前には、これを公にしてはならない。但し、公益上の必要その他の事由があつて、相当と認められる場合は、この限りでない。

首相の三木は、この但し書きを根拠に名前の公表を法務検察に迫っていました。東京地検特捜部の検事だった堀田《ほった》力《つとむ》は「誰が入れ知恵したのか」と回顧しています（『読売新聞』二〇二二年四月八日八面）。法務検察が捜査情報を時の総理大臣に漏らすわけがありません。だとすると、その能力がある人物・機関は限られてきます。三木が法律に詳しい独自のスタッフを抱えていたか、あるいは法制局を知恵袋として使ったか……。歴史研究の課題です。

さて、灰色高官の名簿を公開できるかは、政治の争点となりました。一九七六年七月一三日、参議院の「ロッキード問題に関する調査特別委員会」でのやり取りです。

秦野《はたの》章《あきら》が「〔刑事訴訟法の〕四十七条の一定の公益上の見地があれば公表されるということとなんだけども、その範囲は、公務員法——まあ検察官も公務員ですけど、公務員法の秘密を守る守秘義務の範囲との関係はどういうふうに理解したらいいですか」と質しました。秦野は隠れ田中派と言われる元警視総監の参議院議員で、ここでは「できない」と言わせたいのです。

それに対して真田長官が、「みだりに正当な理由がなくて訴訟書類を公開すれば、それは別に国家公務員法の百条の秘密漏せつ罪に当たると、こういう関係になろうかと思います」と答えます。真田はどうにでもなるように答えます。

秦野は「しかし法務大臣や総理大臣と、検察官がここからは秘密だというふうに判断した事柄とが食い違った場合の調整というものはどういうような解釈になるわけですか」と、さらに深掘りをします。

これに対し真田は、「秘密書類、訴訟書類なら訴訟書類というこの秘密事項を公にする場合の基準というのがあるわけなんですが、これは非公開で、つまり漏らさないでおくことによって得られる法益と、それからそれを公開することによって得られる法益とを比較考慮して、そして後者の方が前者よりも大であるという場合には公開禁止が解除をされるというかっこうになるわけでございます」と答えます。

原則を示した上で、最終的には総理大臣の責任で可能だ、と述べています。政局から絶妙に距離を取ります。

真田が、もっとはっきり言っているのが同年一〇月の答弁です。曰く、「法務大臣なり総理大臣がその報告を受けて事件の中身をお知りになれば、やはりその法務大臣なり総理大臣がその公表するかしないかということのやはり第一次的な判断をお願いしなきゃいかぬということを述べたつもりでございます」です（昭和51年10月12日参議院ロッキード問題に関する調査特別委員会）。

真田の発言については、さまざまな解釈ができると思います。三木に武器を与えているとも、後ろから弾丸を撃ちこんでいるとも言えます。

ちなみに、結局のところ三木は灰色高官名簿を公開しませんでした。

5・3　首相の八月一五日靖国参拝

火のないところに煙を立てる

時は戻ります。一九七五年、というより昭和五〇年、三木は靖国神社に参拝しました。

それまで歴代総理大臣は春秋の例大祭に参拝していたのですが、三木は「八月一五日」に参拝し、「私人として」の参拝を不必要に強調したパフォーマンスを行ったので、以後、マスコミが「私人か、公人か」と騒ぐようになりました。首相の靖国神社公式参拝については現在でも揉めています。

参拝の背景には、少数派閥の三木の政権基盤が弱体であるため、右派の支持を得ようと人気取りに走ったことがあります。第二派閥の福田赳夫を味方につけようとしたのです。

三木本人は党内左派の代表と目されていましたが、実は自民党の保守政策集団「青嵐会」の中心人物である石原慎太郎や中川一郎とも懇意にしていました。石原や中川は福田別動隊です。三木は青嵐会の意をくんで「八月一五日」の終戦記念日に参拝しました。

このとき三木は「あくまでも私的参拝だ」と強調して、国から支給されている黒塗りのハイヤーを使わず、わざわざ民間のタクシーを使い、自らの財布からポケットマネーを払っている姿を撮影し、そんな三木のパフォーマンス映像がテレビで放映されました。

それが裏目に出ます。三木を心情的に近いと思っていたリベラル（当時はニューライトと言った）の河野洋平ら若手は裏切られたと思います。一方で青嵐会は「私的」参拝が気に入らない。三木は若手の右派と左派の両方に二股をかけて、それなりにうまくやっていたのが、両方を敵に回すハメに陥ってしまいました。大失態です。

ただし、三木が「私的参拝」にこだわった裏には、法制局がいます。靖国神社に参拝するにあたって、三木が「法制局に調べさせ」ていたことは秘書が回顧録で認めています（岩野《いわの》美代治《みよじ》『三木武夫秘書回顧録』吉田書店、二〇一七年、一七七頁）。

法制局のロジックは次の通りです。「私的参拝は個人の心の問題だから構わない。憲法第二十条一項の信教の自由でもある。ただし公式に参拝すると、憲法二十条が掲げる政教分離の原則に抵触する恐れがある。だから私的参拝としなさい」。

【日本国憲法　第二十条】

一　信教の自由は、何人に対してもこれを保障する。いかなる宗教団体も、国から特権を受け、又は政治上の権力を行使してはならない。

二　何人も、宗教上の行為、祝典、儀式又は行事に参加することを強制されない。

三　国及びその機関は、宗教教育その他いかなる宗教的活動もしてはならない。

どこまでが私的でどこからが公的な参拝となるのか。その後、議場でも問題となります。後に社会党の野田《のだ》哲《さとし》が「公的行為と私的行為、総理大臣の場合にだれがどういう判断で決めるんですか」と聞いたのに対し、真田は以下のように答えます。

　これは原則としてまず私人としての宗教心のあらわれでございますので、特別な事由がない限り、これは私的な行為であるというのが素直な見方でございまして、特別に、たとえば国の公費をもって玉ぐし料を差し上げるとか、そういうような特別な外形的事情が伴わない限りはまず私的な行為であるというふうに言って差し支えないだろうと思います。

（中略）

　もし宗教上の行為について、国務大臣の地位の重みからいって公的私的は区別がつかないんだと、だからすべて公的になってしまうというふうに見られるんじゃないかと、こういうふうになりますと、稲村法務長官〔稲村総務長官〕なり総理大臣なり、あるいは私でも同じかもしれませんが、そういう公的な地位にある者は、そこにある間、在任する間、神社参拝できないことになってしまう。かえってこれは憲法が保障している宗教の自由を阻害することになるんじゃないかと思うんです。ですから、これはかようなことを申してお気にさわるかもしれませんけれども、昨年のお正月には衆議院の議長、副議長おそろいで伊勢神宮に御参拝になっております。これも当然私は私的な行為であろうと思います。今回の総理の靖国神社御参拝も、やはり同じく私的な行為であると、かように信じているわけでございます。

（中略）

一国の総理ともあられる方は、これはもう寝ても覚めても、と言っては語弊があるかもしれませんが、常に国政のことも念頭に置いていらっしゃるはずでございまして、靖国神社の社殿に立ったときだけは、その瞬間は国事のことは忘れなさいと言う方がむしろ無理なんじゃないかと思いますね。常に神仏の前に行けば、自分のことをさておいて、それよりもむしろ国政、国事、内政、外交すべてがスムーズに国民のために行われるように神様にお祈りするというのがむしろ自然な心情であって、総理としては恐らく、新聞記者からそういう質問があったんだろうと思います、で、正直にお答えになったんだろうと思いまして、この一事をもって、これが公的行為であるというふうにきめつける原因にはならない、かように思うわけでございます。

（昭和53年4月25日参議院内閣委員会）

要は、外形的行為を伴うと二十条三項に違反するが、そうでない限り私人としての参拝だから、それを禁止すると二十条一項に抵触する。お伊勢さんを持ち出し、あげくは「総理に私心なし」とまで持ち上げてくれる。

三木内閣の稲葉《いなば》修《おさむ》法務大臣は改憲派として知られ、現職閣僚として改憲集会に出席したことを問題視された時は、三木が陳謝して大臣解任を回避しましたが、法制局にも守ってもらっています。憲法改正に言及しようものなら大臣の首が飛びかねない時代だったのです。

そんな時代背景のなか、内閣法制局は自民党にとっては閣僚が靖国神社に参拝できるようにしてくれたありがたい存在なのです。

ここで「それまでの大臣は靖国神社にふつうに参拝していたんじゃない？」などと正論を述べてはいけません。確かにその通りなのですが、当時それを言う人は誰もいませんでした。

思想傾向関係なく、自民党の大臣級政治家は法制局の言うことを聞いておけばわが身は安泰だと、味方と思う。そして言いなりになるのです。

ちなみに、三木は「公用車ではなく私用のタクシーで靖国へ行った」とのパフォーマンスをしました。福田内閣の時代に真田は「どうというようなことをそんなにあげつらう必要はないのだろう」（昭和53年8月16日衆議院内閣委員会）、「私的だというＰＲさえ事前にしておけばみんな私的になるというふうなことは、これはまたおかしな話であって、やっぱり公的か私的かということがまず先行します」（昭和53年8月17日参議院内閣委員会）と庇《かば》っているようで突き放している答弁をしています。

三木首相の靖国参拝問題が飛び火して天皇陛下の靖国参拝の是非も問われることになり、昭和五〇年一一月二一日を最後に天皇陛下の御親拝は行われなくなりました。

三木の「私的」参拝から四年後の大平内閣時代に天皇の靖国参拝について、社会党の山花貞夫（後の委員長）から「天皇が靖国神社に参拝することについても、公式参拝ではなくて私人ならばよろしいということになるのでしょうか」と質問を受け、真田は「陛下が靖国神社にお参りになるのは、もちろん私的な立場でお参りになっていることだと私たちは理解しております」とソツなく答えています（昭和54年4月20日衆議院内閣委員会）。

首相も大臣も、そして天皇陛下も、内閣法制局長官が「私的に行くなら構わない」と言えば靖国神社に行けるのです。三木首相の八月一五日「私的」参拝の前までは、そんなことはなかったのに。

天皇にまで火の粉が飛んでいます。

5・4　元号法制定

元号廃止運動と「時の氏神」

敗戦によっても皇室は滅ぼされませんでした。これには、憲法担当の国務大臣だった松本烝治や金森徳次郎、あるいは佐藤達夫をはじめとする法制局の官僚の奮闘がありました。少なくとも、第二代林修三長官までの法制局は、愛国官庁でした。しかし、吉國や真田の時代の内閣法制局には面影すらありません。

保守の味方のフリをして毒を混ぜる。その典型が元号の扱いです。

敗戦までは、元号は皇室典範によって法制化されていました。しかし、敗戦後は典範が改定され、元号の成文法による根拠規定がなくなりました。

これは早くから懸念されており、新憲法制定と前後して、林修三が元号法の原案を起案していたようですが、日の目を見ません（昭和34年2月6日衆議院内閣委員会）。結局、慣習法として使うことになります。大平内閣真田長官の時代に、元号法が成立することとなります。

元号法の制定については、当時の社会の空気を説明する必要があります。

ちなみに私はソ連崩壊後に大学院に入ったのですが、入ったときは中央大学文学部史学科「国史学専攻」だったのに、出るときは文学部史学科「日本史学専攻」になっていました。「国史」がいけなかったらしい。ソ連崩壊後で、これです。戦前からある古い用語や慣習をことごとく抹殺しようとする動きがあちこちにありました。

元号もその一つです。真田長官の時代（一九七六〜七九年）は、アメリカがベトナム戦争で敗れ、ソ連が元気な時です。天皇制を嫌う左派系の人たちが、元号廃止運動をしていました。元号は天皇主権の産物だから西暦を使おう。「昭和」は慣習的に使ってきたけれど、元号そのものを廃止して次は定めないようにしようという勢力が、今となっては信じられないかもしれませんが、当時は本当にいたのです。

そこで保守陣営は、法律を制定しなければならないと思ったわけです。そのとき自民党が「時の氏神」として頼ったのが内閣法制局です。

元号法は日本で二番めに短い法律で、明治以来の「一世一元の制」を明文化したものと言われます。彼らに作らせた結果、次のような法律となりました。

【昭和五十四年法律第四十三号　元号法】

1　元号は、政令で定める。

2　元号は、皇位の継承があつた場合に限り改める。

附　則

1　この法律は、公布の日から施行する。

2　昭和の元号は、本則第一項の規定に基づき定められたものとする。

法律には「とする」と「である」があります。その法の成立以前からあるものを成文化する場合は「である」にしなければなりませんが、そうはなっていません。とにもかくにも元号廃止運動を撃退する為の妥協です。

また、「一世一元の制」より前に「政令で定める」が来ています。天皇は政府の下という発想ですから、こうなる。「順番」もまた文面に現れない詐術です。

元号を決めるのは誰か

天皇や元号について、真田は徹頭徹尾、保守の味方として振舞います。青嵐会の玉置《たまき》和郎《かずお》の質問に対しては、「天皇の象徴制と国民主権の原則とは決して矛盾するものではなく、両立し得る」「元号制度を存置することが憲法に違反するなどとは考えていない」などと力強く答えています（昭和53年3月10日参議院予算委員会）。

あるいは社会党の上《うえ》田《だ》卓三《たくみ》（議員引退後は部落解放同盟委員長）あたりから、「一世一元の元号というものは、世の中が天皇を中心にして回っておるのだ、天皇がおられるために日本人が生活できるんだ、こういう天皇中心の考え方なんだ」などと責め立てられるので、「今度の法案でそういう実質的な意味の一世一元の制度を起こしたからといって、天皇の地位を現在の憲法から旧憲法の方へ近づけるのだとか、そういう発想は実は毛頭われわれ持っていないわけなんでございまして、むしろ国民の理解、事実上の慣習の中身として、象徴天皇の御在世中は一つの元号で生活を営んでいこうという国民の意思というものを想定いたしまして、それを踏まえて、いまのこの法案を起草したわけでございます」などと答える真田が余計に味方に見えてくるわけです（昭和54年4月17日衆議院内閣委員会）。

真田は帝国憲法下の元号と現行憲法下での元号はまったく違うものであると強調し、「今度の新しい元号は国会、つまり国民がつくるものです」と堂々と表明しています（昭和54年4月20日衆議院内閣委員会）。国民とは国会議員、法制局の言いなりの人々のことです。

さらに、「天皇は憲法に定める国事に関する行為のみを行うと書いてあるから、元号を決める権能を天皇に与えるというような法律をつくることは、これはいまの憲法のもとでは考えられない」「天皇に元号の決定権を与えるような法律をつくることは憲法違反」と言い切っています（昭和54年5月29日参議院内閣委員会）。

これを「当たり前ではないか」と捉えたなら、かなり日本国憲法の発想にとらわれています。そもそも日本の歴史において、改元は天皇の大権です。歴史上、多くの元号が時の権力者に左右されましたが、形式は守られました。近代の立憲君主制においても、元首は政治に関して発言しても影響力を発揮しても構いません。この道理は、前章で詳しくのべました。だから、改元の前に皇太子殿下にお伺いを立てるのは、憲法違反でもなんでもありません。

元号が昭和を最後に葬り去られなかったのは良かったですが、真田は「天皇ロボット説」の毒で皇室をがんじがらめにしました。

皇室の儀式を憲法で否定

元号法はこのように巧みな呪いのかかった形で制定されますが、このとき代替わりの儀式についても質疑がかわされました。

真田長官の時代には昭和天皇はご高齢ではあっても、お元気でしたが、いざ代替わりとなったときに、これが問題となってきます。

上田卓三から、以下の如く鋭く詰められます。旧皇室典範で践祚《せんそ》・改元・即位・大嘗祭は一体の神道儀礼だが、現行典範では践祚も改元も大嘗祭も削除されている。元号法制化によって、他の儀式も法制化への道を開く気か、と。

これに対して真田は、「践祚という概念はもうございません」「大嘗祭については現在もう規定はないというふうにお考えになって結構だと思います」と言い切ります。

さらに大嘗祭に関しては、「憲法二十条第三項の規定がございますので、そういう神式のもとにおいて国が大嘗祭という儀式を行うことは許されないというふうに考えております。それは別途皇室の行事としてあるいはおやりになるかどうか、それは政府の方ではというか、私の方では実は直接関係がございませんので、もし御疑問でございましたならば、それは宮内庁の方にお尋ねをしていただきたいと思うわけでございます」と突き放します。

大嘗祭と合わせて大喪の礼も、「そういう皇室の内々としておやりになること、これはもちろん構いません。それからそのほかの儀式であっても、宗教性を帯びている部分は、これは国事行為としての儀式からは外していただかないと、憲法上私どもの方では困るということで、非常に苦労して、せんさく、検討しているところでございます」と、これまた突き放します。これを受けた富田朝彦《とみたともひこ》宮内庁長官が「私の立場として法制局長官と同じような考え方でございます」「憲法の精神というものを十分に承知をして、慎重に検討を加えてまいりたい」とひきとっています（昭和54年4月17日衆議院内閣委員会）。

社会党の上田卓三の質問は批判的ですが、皇室行事について大変に詳しい。保守でこれだけ知っている人、何人いるでしょうか。

たとえば践祚です。平安時代の平城《へいぜい》天皇（在位八〇六～八〇九年）以降、歴代天皇は皇位を象徴する三種の神器（剣・璽《じ》・神鏡）を受け継ぐことを「践祚」、践祚したあとで皇位についたことを布告する儀式を「即位」としてきました。

践祚と即位の違いを示す事例としては、仲恭《ちゅうきょう》天皇（在位一二二一年）の例があります。仲恭天皇は幼少期に践祚しましたが、承久の乱が起こり、鎌倉幕府に退けられ即位していません。「九条廃帝」などと呼ばれ「仲恭天皇」という諡《おくりな》は明治三年に追号されています。あろうことか真田長官は「践祚という概念がない」と、皇室の伝統をはっきりと否定しました。

憲法の条文に「践祚」がないのは確かですが、憲法制定当時の金森徳次郎憲法担当国務大臣は「践祚に関する規定は、文字こそ変わっているけれども、ほとんどそのままに今回の改正案に入っている」としているので、真田長官の答弁は明らかに当時の立法趣旨、政府見解に反するのです（江崎道朗『天皇家百五十年の戦い』ビジネス社、二〇一九年、一一四〜一一五頁）。

本来の保守政権なら「皇室の行事についてよくご存知ですね。それで？　皇位継承の儀式は従来通りで何も問題はありません」と返せばいいようなところです。

とにかく皇室の伝統を無視して、憲法に皇室を合わせればいいのだとするのが、この頃の内閣法制局です。なかでも真田長官はあからさまです。

大嘗祭も神式で国が行うのは許されない。憲法二十条の政教分離に違反するのだと。皇室が伝統行事を行う場合と、国として行う場合とを完全に分けてしまいました。

戦後まもなくは「神道」を敵視する占領軍の手前、皇室典範の条文に神道に関わる規定を入れることができなかったという事情がありました。「宮中祭祀は皇室の私事」とは、宮中祭祀を占領軍の神道敵視政策から守るための方便だったのです（前掲『天皇家百五十年の戦い』一一六〜一一七頁）。

本来なら占領後、日本人の手で元に戻していかなければいけないものでした。それが後年、文字通りに解釈されるようになり、皇室を圧迫していきます。
こんな真田長官ですが、皇位の男系継承に関してだけは、くつがえすようなことはしませんでした。

憲法第十四条には法のもとの平等として男女の性別による差別扱いを禁止しておりますが、その憲法自身が第一条において、天皇は、日本国の象徴であり国民統合の象徴であるとして特別な規定を置いていますので、そういう象徴であられる天皇にふさわしい限度に差別を設けることは憲法十四条の違反ではないということです。
（昭和54年5月8日参議院内閣委員会）

その後、政府見解がこの発言から大きく後退したのは、ご存じの通りです。

第六章

安定する内閣法制局の権威

6・1 「八月一五日」靖国神社「公式」参拝問題

そもそも政教分離とは何か

本章では真田長官以後、一九八〇～二〇〇〇年代の内閣法制局がらみの事件について、いくつかお話しします。

まずは角田《つのだ》礼次郎《れいじろう》第六代長官および茂串《もぐし》俊《たかし》第七代長官の時代の、八月一五日靖国神社公式参拝問題です。

前章で三木内閣が靖国神社参拝にあたって、「八月一五日」か否か、「私的か公的か」という、それまで問題でも何でもなかったものを問題にしてしまった経緯を見てきました。さらに、天皇も「私的」な参拝ならば行って良い、過去の参拝もすべて私的だったとされてしまいました。

こうした経緯がありましたから、「戦後政治の総決算」を売り物にして政権を奪取した中曽根康弘内閣（一九八二～八七年）は、靖国神社へ「八月一五日」に「公式」参拝することに力を注ぎます。こんなの本当は「戦後」でもなんでもなく、たかだか一九七五（昭和五

○）年に法制局が勝手に言い出した問題に過ぎないのですが……。

そもそも政教分離とは何なのか。

【日本国憲法　第二十条】

一　信教の自由は、何人に対してもこれを保障する。いかなる宗教団体も、国から特権を受け、又は政治上の権力を行使してはならない。

二　何人も、宗教上の行為、祝典、儀式又は行事に参加することを強制されない。

三　国及びその機関は、宗教教育その他いかなる宗教的活動もしてはならない。

これを文字通りに読むか、それとも国際標準の議論を踏まえて読むか、どちらを採るかで解釈は大きく変わります。国際標準と言っても、大きく二つに分かれます。

一つがフランスのように、「宗教が国家儀礼に一切関わってはならない」とする考え方です。政教分離をこのように捉える文明国は、フランスくらいしか見当たりません。少なくともサミット参加国ではフランスだけです。もう一つが、「国家儀礼に宗教が関わっても構わないが、その関わった宗教に極端な利益を与えたり、関わっていない宗教に極端な不利益を与えたりしてはならない」とする考え方です。普通の政教分離はこちらの考え方で、フランス以外のサミット参加国の米英独伊加は、やり方は違っても政教分離をこのように捉えています。問題は、我が国では両者が混在していることです。

「合憲か違憲か」の境目

具体的に言いましょう。たとえば、アメリカ大統領は聖書に手を置いて宣誓します。これが政教分離違反であるという極端なリベラルもいるにはいますが、「キリスト教に極端な利益を与えているわけでもなく、他の宗教への弾圧になるわけでもない」と解されています。

これはアメリカでは判例で確立していて、ある裁判の原告の名前から「レモンテスト」と呼ばれます。アメリカでも宗教と公的機関の関係が問題になることはあり、以下の三点において審査を行い、政教分離違反か否かを判断します。

一　目的が、世俗的でなく宗教的なものか
二　効果が、宗教を援助・助長・促進・圧迫・干渉等をもたらすものか
三　宗教との過度の関わり合いを持っているか

三点のうち一つでも当てはまれば政教分離違反となります。
日本ではこれとよく似た「目的効果基準」が用いられたりします。

一　目的が、宗教的意義を持つものか
二　効果が、宗教に対する援助・助長・促進・圧迫・干渉等になっているか

二点のうち、両方を満たしてはじめて政教分離違反となる……らしいのですが、これもいい加減です。どれくらいいい加減か。一九六五年、三重県の津市が体育館を建設するのに地鎮祭を行い、税金で七六六三円を支払った。これは極端ではないので合憲。一方、一九九七年に愛媛県知事が靖国神社と護国神社の例大祭に玉ぐし料として、税金で一六万六〇〇〇円を支払った。これは極端なので違憲……。憲法学の教科書には、津地鎮祭訴訟が合憲の理由と愛媛玉串訴訟が違憲の理由を解説してくれていますが、どこに境界があるのかはどの本でも教えてくれません。

しかし、最高裁の判決は形式上、有権解釈です。内閣法制局が憲法解釈を独占できるのも、

最高裁以上に最高裁判決を利用できるからです。中曽根首相が靖国神社春の例大祭に参拝した際、社会党の上原康雄から「私人としてか」と聞かれた際の、角田長官の答弁です。

> 参拝が合憲か違憲かということについては、いろいろな考え方があり、政府としては違憲とも合憲とも断定していないが、このような参拝が違憲ではないかとの疑いをなお否定できないということである。
> そこで政府としては、従来から事柄の性質上慎重な立場をとり、国務大臣としての資格で靖国神社に参拝することは差し控えることを一貫した方針としてきたところである。
> これが政府の統一見解でございます。
> （昭和58年5月10日参議院内閣委員会）

断定せず、匙加減の余地を残しておくのが要諦です。首相の中曽根が靖国神社へ「八月一五日に」「公式」参拝したければ、内閣法制局に助けを求めるように。

同年七月、内閣は継続しますが内閣法制局長官が茂串俊に交代します。茂串長官は、さらにこんなことを言っています。

仮に閣議で靖国神社参拝を決定いたしまして、そして公的にと申しますか公式に神社を訪れて参拝をするということになりますれば……内閣総理大臣あるいはその他の国務大臣としての資格における参拝でございます。したがいまして、これにつきましては従来の政府統一見解のとおり憲法上問題があるということになるわけでございます。

（昭和59年4月24日衆議院内閣委員会）

閣議で靖国神社公式参拝をすると決めても、それで合憲になるわけではない。これを会社でたとえれば、社長よりも取締役会よりも、顧問弁護士の方が偉いと言っているのと同じです。総理大臣も内閣も、政府の最高法律顧問である法制局長官に逆らえないのです。

タカ派を気取った中曽根内閣の泣き寝入り

これに対し中曽根は有識者会議を招集して対抗します。一九八四年八月、林敬三日赤社長を座長とする「閣僚の靖国神社参拝問題に関する懇談会」（靖国懇）をつくり、靖国懇は二一回にわたる会合の末、八五年八月に「憲法に違反しない形での公式参拝の実施」を求める報告書を提出しています。中曽根時代の官房長官は後藤《ごとう》田《だ》正晴《まさはる》（実際に靖国参拝が行われる頃は一時的に藤波孝生）です。

後藤田は内務省をへて警察官僚、そして警察庁長官と官房事務副長官まで務め、政治の世界に入った人ですが、その著書では「法制局の見解は納得できない。どうして国務大臣の地位にある人間が神社に参拝したらその宗教を鼓舞激励したことになるという理屈ができたんだ」と文句を言ったり、いろいろ議論した結果、宗教色を消せば憲法に反しないとの結論になったと書いています（後藤田正晴『内閣官房長官』講談社、一九八九年、一四六～一四八頁）。

後藤田は「官界の天皇」とも言われ、官僚機構全体に睨みを利かせられるので、中曽根が自分の内閣で常に閣僚として遇していた人物です。その後藤田ですら「納得できない」と不満を吐き出すことしかできません。総理大臣が内閣法制局を納得させるために、有識者の先生を集めた、靖国懇のような会議をわざわざ招集しなければならないというのも、おかしな話です。

いよいよ一九八五年八月一五日に中曽根首相は公式参拝をするのですが、参拝後に、社会党の寺田熊雄（裁判官出身）からしつこく質問を受け続けた茂串の答えがこちらです。

> 現在の靖国神社に定められておりますところの参拝の方式というものは、総理が例えば参拝に行かれるというような場合でございますと、いわゆる手水の儀から始まりまして、修祓《しゅばつ》の儀、玉ぐし奉奠《ほうてん》、そうして二礼二拍手一礼というような正式の方式を踏んで参拝されるのが通常でございます。また、現に今までのいわゆる私的参拝として総理が行っておられた参拝の方式もこのような正式な参拝にのっとって行われたわけでございます。…（中略）…今回はそのような一切の神道儀式を行わずに、追悼行為としてふさわしい方式で参拝を行った。
>
> （昭和60年11月26日参議院法務委員会）

宗教性を帯びない形、つまり靖国神社への敬意を払わない参拝方法なら合憲としました。

中曽根は二礼二拍手一礼すべきところ、一礼にとどめるなど、靖国神社側に対しては非礼とも言える参拝を行ったので、靖国神社宮司もまた普段着で迎えるなど、異例ずくめの参拝でした。

タカ派へのアピールをしたい中曽根内閣は「憲法違反だ」と言われたくない一心で泣き寝入りで、内閣法制局の言いなりです。どこがタカ派なのでしょうか。

三木元首相を全否定する

ところで、前章でも三木首相に対して真田長官が後ろから狙撃するようなことをしていました。中曽根が靖国参拝する頃の三木は、衆議院議員とはいえ派閥の領袖《りょうしゅう》ですらない過去の人。しかも、自民党内でも嫌われ者。そんな三木の発言やパフォーマンスはまたもや否定されます。

> 法制局としてはいまだかつて……肩書をつけるとかいうようなことでそれが公的になるというようなことを申し上げたことはありません。…（中略）…名前に肩書をつけること、公用車を使うこと、それから、いわゆる同行者を従えること、あるいは玉ぐし料を公費で支出すること、これを俗に四要件と言っており…（中略）…そのうち、玉ぐし料を公費で支出することになりますればこれは公的な資格で参拝をしたということになるわけでありまして、これは公的参拝じゃないという言いわけをするわけにはいかぬであろう。ただ残りの三つにつきましては、…（中略）…これはいずれも私人という立場でそのような行為をなされることがある…（中略）…しかし、それらの事柄からして当然に公的な参拝になる、あるいは公式参拝になるということはないのであって、その三

つは、これはいずれも私人の立場ということで行為されることもある。

（昭和59年4月24日衆議院内閣委員会）

三木は「私的参拝」を強調するために「名前に肩書きをつけない、タクシー料金をポケットマネーから出す、同行者を従えていない」などと、頑張ってパフォーマンスしていましたが、茂串長官は、それを「三木元首相が勝手にやったことです」と言わんばかりに、否定しています。

現職総理で、長期政権になるかもしれない（事実そうなった）中曽根には匙加減の余地を残す。既に過去の人となっていた三木のやったことは全否定。法制局は政界の力関係を読んで発言をする人たちなのです。元首相の三木の行為を「それで私的参拝になるわけではない」とことごとく否定しているのは、中曽根への牽制でもあります。後に長官となる味村《みむら》治《おさむ》は一回行われただけで「慣習法にはなっていない」と政府委員として答弁しています（昭和61年10月21日衆議院決算委員会）。釘を刺されました。

結局、閣僚の公式参拝は一回だけで、翌年は中国への配慮でやめてしまいました。中曽根は何がしたかったのかわかりません。

最近では、もう一つ「総理大臣が行くかどうか」が問題になっています。二〇〇五（平成一七）年に王毅《おうき》駐日中国大使が「首相、官房長官、外相は靖国神社に参拝しないとの紳士協定がある」と発言し、これについて高村正彦《こうむらまさひこ》元外相が「外務省の人間から『あうんの呼吸でそうなっている』と聞いたことがある。取り決めはなかっただろうと思うが、そういう形は続いていたのではないか」とフジテレビの番組で発言し、協定の存在は否定しながらも、首相と二閣僚は参拝を自粛する空気が政府内にもあったことを認めたものと報道されました（『毎日新聞』二〇〇五年五月九日）。

大喪の礼――前代未聞の「移動式鳥居」の登場

一九八九（昭和六四）年一月七日、昭和天皇が崩御されました。ご葬儀として葬場殿の儀と大喪の礼が行われます。ここで内閣法制局が、儀式に関して政教分離の観点から神道の宗教色の強い真榊《まさかき》と鳥居を置いてはいけないとか、クレームを飛ばしてきました。

現行憲法下でも貞明《ていめい》皇后の葬儀が神道形式で行われていた先例があるにもかかわらず、第八代味村内閣法制局長官（一九八六年七月～一九八九年八月在職）は、頑として違憲だと言い張ります。

民間から、伝統に基づく「葬場殿の儀」を求める運動が起こり、結局のところ、「葬場殿の儀」を皇室行事、「大喪の礼」を国事行為とする折衷案が生まれました。一連の行事であるはずのものを分け、しかも「大喪の礼」では、やはり真榊と鳥居は許さないとする点で内閣法制局は譲りませんでした。真榊はともかく鳥居は大きいので簡単には動かせない。さあ、どうするか。必要は発明の母。鳥居に滑車をつけて、大喪の礼に移るときに鳥居を動かしたのでした（前掲『天皇家百五十年の戦い』一二三〜一二六頁）。

このとき小渕恵三官房長官（後の総理）が神道式の儀式を行うべく努力したそうです。首相の竹下登は「小渕くんに任せるよ」という感じです。

では、どうなったか。

「触らぬ神にたたりなし」

平成元年二月一〇日の議事録を見てみましょう。社会党の田口健二の質問を受けて味村長官が答えます。

まず、大喪の礼の費用でございますが、この大喪の礼は国の儀式でございまして、憲法二十条第三項の禁止しているような宗教的活動に当たらないようになっておりますので、これに国費を支出することには問題がない、このように考えております。

(中略)

憲法二十条第三項、これにつきましては昭和五十二年七月十三日の津地鎮祭に関する最高裁判決がございます。さらに、昨年の六月一日、同じ趣旨の最高裁の判決が出ております。私どもは、この判決の趣旨に従い判断いたしまして、このような国費の支出は憲法二十条三項の禁止する宗教的活動には当たらない、このように考えている次第でございます。

(平成元年2月10日衆議院内閣委員会)

さらなる田口の質問に次に答えたのは小渕官房長官でした。

大喪の礼の御式は国の儀式として行われ、葬場殿の儀は皇室の行事として行われることは、ただいま申し上げたとおりでございますが、両儀は法的に明確に区別されるのみならず、実際上も、大喪の礼御式におきましては、一、開式を告げること、二、祭官は退席すること、三、鳥居を撤去すること、四、大真榊を撤去すること等とされており、両儀ははっきり区別をされてまいるものだ、こういうふうに考えております。

（同右）

小渕は竹下の一の側近であり、実力官房長官です。新元号「平成」を掲げて告知する姿を今も覚えている人は多いでしょう。「平成おじさん」として当時は人気でした。明らかに意に添わぬ発言をさせられています。

そして田口が「法制局長官の見解が聞きたい」と言うので、味村長官がさらに念を押しています。

先ほど官房長官がお答えになりましたように、大喪の礼の際には、これはまず官房長官が開式の辞をお述べになるということで大喪の礼の御式がいつから始まるかということがはっきりするようになっておりますし、さらには、宗教色の濃い大真榊等を撤去するというようなことも行われまして、式次第もこれは無宗教のものでございますので、この大喪の礼が憲法二十条第三項に規定する宗教的活動に当たらないということは明確になっている、このように存じます。

（同右）

こんな屈辱的なケンカの負け方は、なかなかありません。

戦後、新憲法を制定する際に皇室典範その他皇室に関する法律を片っ端から廃止したのですが、新たに定められるまでは、または、定めない場合は旧式に従うことになっていました。法制局は、それを完全に無視しています。

昭和天皇の大喪の礼は、完全に無宗教にしてしまいました。つまり先にお話ししたフランス型の厳格な方式で政教分離を解釈しているのです。「目的効果基準」ならアメリカその他の文明国基準のはずですが、ときどきフランス型の非文明国基準を持ち込む。そんな身勝手なロジックで、法制局は「鳥居は取れ、大真《おおま》榊《さかき》ほか神式の道具は全部とっぱらえ」と上から目線で命令しているのです。

ちなみに、この六日後の竹下首相による答弁がこちら。

このたびの大喪の儀につきましても委員会をつくり、私が委員長となり今日までに至っております。したがって、即位の礼に対しましても、今ここで明確に申すわけにもまいりませんが、私の考え方としては、そのような委員会をつくって、今の法制局長官からも答えました前提を含め議論をして整々ととり行いたい、このように思っております。

（平成元年2月16日衆議院予算委員会）

竹下登は死ぬまで政界のドンとして君臨した超実力政治家。その竹下にとっても法制局は「触らぬ神にたたりなし」なのです。

6・2　憲法第九条論議、再び

国際貢献も内閣法制局次第

本書では第一章から四章まで、第九条解釈の変遷をお話ししました。第三代高辻長官の時代の解釈が定着し、今に至ります。そして、しばしば憲法九条の解釈が政治を大きく動かしました。まず、そのいくつかをご紹介します。

本格政権と目された竹下内閣は、スキャンダルで短命の退陣。しかし竹下は「闇将軍」として政界に君臨し、宇野宗佑《うのそうすけ》、海部俊樹《かいふとしき》と、次々と傀儡首相を据えます。まず、一九九〇年の湾岸危機です。イラクのクウェート侵攻に際し、アメリカは多国籍軍を編成します。党内基盤が弱い海部俊樹首相はアメリカのジョージ・ブッシュ大統領の庇護を求め、頻繁に電話をかけていたので「ブッシュホン」などと呼ばれていました。ブッシュは有事に際し、海部に何ができるかを求めてきます。しかし海部内閣の方針は二転三転し、最終的に一三〇億ドルと巨額の戦費を負担したのですが、あまりにも優柔不断な態度だったので、信用をなくしてしまいました。

その理由は、三つ。第一は、海部首相自身が憲法九条を旨とするリベラルで、ブッシュが求める自衛隊の海外派兵、ましてや軍事支援に消極的だったこと。第二は、当時の国民世論も、自衛隊の海外派兵ましてや軍事支援に消極的な人々が圧倒的に多数だったこと。第三が、内閣法制局の抵抗です。

ここで二つの法則を思い出してください。第一の法則。法制局は、強い政権にも平気で拒否権を行使する。弱い政権ならば舐めてかかる。当時の第九代工藤敦夫長官は、海部を明らかに舐めていました。第二の法則。アメリカが軍事支援を求めてきた時、法制局は憲法解釈により内閣が実行できる政策の幅を左右し、政権の命綱を握る。ただし、アメリカを本気で怒らせる（＝自分たちに火の粉が降りかかる）事態は避けるために、ある程度の幅は持たせる。

結果、海上自衛隊の掃海艇をペルシャ湾に派遣するのは認めました。この過程は、水野均『内閣法制局は「憲法の番人」か？　日米安保解釈を検証する』（並木書房、二〇一七年）が簡にして要を得ているのでご参照ください。同書は、戦後の九条解釈に関して、第二次安倍政権まで、歴代法制局長官の主要答弁を網羅しているのでお勧めです。

さて、一時は、工藤長官の更迭を求める声も政府与党から飛び出しました（『朝日新聞』一九九〇年一〇月二〇日）。

しかし、日本の国際的地位こそ下がりましたが、法制局がアメリカの逆鱗に触れることはありませんでした。アメリカ政治では、最高権力者や与党実力者が一官僚・一部局に生殺与奪の権を握られるなどありえませんから。

海部の次の竹下傀儡の宮澤喜一内閣では、ＰＫＯ活動に自衛隊が参加しました。「小銃を何丁まで持って行っていいのか」「他国の軍隊と一緒に行動していいのか」、あげくは「ＰＫＯは良いが、ＰＫＦはダメだ」など、およそ軍事合理性からかけ離れた議論だけが日本中を席巻していました。それらを逐一取り上げたら紙数に余裕がなくなりすぎるので、一つだけ。

PKO（国連平和維持活動）を行うのがPKF（国連平和維持部隊）です。当時の社会党やマスコミは、基本的な事実を無視して観念論で政府を責め立てるので、法制局は政府自民党の味方にしか見えないのです。

その宮澤内閣の時に自民党は下野。こうした時代遅れの憲法解釈にしがみつく従来の政治の在り方に疑問を感じた小沢一郎が自民党を飛び出し、細川《ほそかわ》護熙《もりひろ》・羽田《はた》孜《つとむ》の非自民党政権を樹立します。しかし、いずれも短命で総辞職。政権は、社会党の村山富市を首班に担いだ自民党に戻ります。

長年にわたり自民党と敵対し、「自衛隊も日米安保条約も憲法違反、日の丸君が代は認めない」と主張していた社会党が、第一〇代大出《おおで》峻郎《たかお》長官が村山新首相を説得するや、「内閣法制局と対立したら、内閣はもたない」と、従来の政府見解に基づいて政権運営を行うと所信表明で演説したのは「はじめに」で記した通りです。

社会党は政権喪失後に崩壊、代わって民主党が野党第一党になります。

小泉内閣すら逆らえない力

村山も竹下の傀儡です。自民党に政権が戻るや、竹下子飼いの橋本龍太郎・小渕恵三が次々と政権に就きます。一九九〇年代、アメリカ大統領がブッシュからビル・クリントンに代わるや、露骨な「ジャパン・パッシング」が行われました。比較的日本重視の共和党は日本に国際協力を求めるのでバッシングもしますが、民主党（とりわけクリントン）は「アジアのことは中国とだけ話せばいい」という傾向が強く、「日本を素通りする」という意味で、バッシングをもじってパッシングと言われました。

日本では森喜朗《もりよしろう》内閣の頃に竹下が死に、跡目争いを制したのは小泉純一郎でした。アメリカでも、先代ブッシュの息子のジョージ・ブッシュ二世が政権に就きます。小泉はブッシュと強固な同盟関係を結び、長期政権を樹立します。小泉時代には三人の法制局長官がいます。津《つ》野《の》修《おさむ》（一九九九年八月〜二〇〇二年八月）、秋山收《あきやまおさむ》（二〇〇二年八月〜二〇〇四年八月）、阪田雅裕（二〇〇四年八月〜二〇〇六年九月）です。

ブッシュが来日した時に明治神宮に参拝しましたが、小泉首相は一緒に境内に入ることができず、車の中で待っていなければならなかったエピソードを「はじめに」で紹介しました。参拝中は車で待機、この時の長官は第一二代津野修です。小泉側近の代議士だった小池百合子から参拝はダメで流鏑馬は良い根拠を聞かれ、津野は外国の賓客との参拝は外形的行為を伴うので「政教分離との関係が問題になる」と従来の解釈でいなして終わりです（平成14年

2月16日衆議院予算委員会）。福田康夫官房長官も「なんとなく納得いかない」と陰口のように不満を漏らすのみでした（『中国新聞』二〇〇二年二月一六日）。小泉内閣でも、これです。

それでも小泉内閣は、法制局相手に上手く立ち回った政権と評価できます。

小泉政権時代に起こった大事件と言えば、二〇〇一（平成一三）年九月一一日、アメリカ同時多発テロ事件（九・一一テロ事件）です。その後、アフガン戦争、イラク戦争で協力を求められ、日本の国会も大騒ぎ。

当時の雰囲気を象徴するものとして、アーミテージ国務副長官の「Show the flag（旗幟を鮮明にしろ）」「Boots on the ground（派兵しろ）」など日本へ協力をよびかける発言があります。アーミテージはのちに「二〇〇一年に私が（国務副長官として）何をしたかを思い起こしてください。あれ（湾岸戦争での小切手外交）は繰り返したくないと思っていました。あれは誤りです。そして、日本の人たちも国際社会から子豚の形をした貯金箱のようには見られたくはないはずです。だからこそ、あの時、私は日本に対して『旗を見せろ（Show the Flag）』と迫ったのです」と語っています（リチャード・L・アーミテージ、ジョセフ・S・ナイ、春原剛『日米同盟vs.中国・北朝鮮　アーミテージ・ナイ緊急提言』文春新書、二〇一〇年、六一頁）。

要するに現場にこないとダメだということです。金だけ出して血を流さないのでは話にならない。それで小泉政権は、九・一一テロ事件の起こった翌月に早速、テロ対策特別措置法を成立させて海上自衛隊の艦隊をインド洋に派遣しました。その結果、翌年の日朝首脳会談においてはアメリカの全面的な協力を得ることができ、北朝鮮から五名の拉致被害者の帰国を実現することができました。

この過程での長官は、秋山です。

アメリカの外圧を利用した小泉首相

二〇〇二（平成一四）年一〇月二九日の衆議院安全保障委員会で秋山長官は、「他国の武力の行使に何らかの形で協力する場合には、当該外国の行動が何らか国際法上の正当な根拠を有することは当然の前提」と発言しており、これはその通りです。

一一月には、従来の自衛権発動の三要件を強調した上で、自衛権の行動領域を広げています。

いざ、我が国の武力行使、自衛権発動の三要件が満たされまして我が国としての自衛権の発動が開始されました後におきましては、特段領域の限定なく、それに対処するために日米は共同して日本の領海、領空に限らないで行動ができるということ、これは累次、政府側としても答弁しているところでございます。

（平成14年11月11日衆議院武力攻撃事態への対処に関する特別委員会）

いつもながらの、アメリカ様を怒らせない程度のことは認めてやるという解釈ですが、今回は「Show the flag」「Boots on the ground」ですから、従来通りの態度では許されません。ただし、「集団的自衛権は行使できない」との点は、固守します。

テロ特措法の活動と集団的自衛権との関係でございますが、もちろん集団的自衛権と申しますのは、自国と密接な関係にある外国に対する武力攻撃を自国が直接攻撃されていないにもかかわらず実力をもって阻止する権利であると解しております。それで、これは我が国の憲法上、自衛のため必要な最小限度を超える武力の行使に該当するものであって許されないというのが従来からの見解でございます。

それで、テロ対策特措法に基づく協力支援活動としての給油活動でございますが、これはそれ自体としては武力の行使に該当しない活動であり、また、その活動の地域は、我が国の領域及び現に戦闘行為が行われておらず、かつ、そこで実施される活動の期間を通じて戦闘行為が行われることがないと認められる地域に法律上限定して行っているものでございます。したがいまして、これが他国の武力の行使と一体化するとの問題も生ずることはございません。

したがって、お尋ねのテロ対策特措法に基づきます給油活動でございますが、これは我が国の武力の行使に該当するものでもございませんし、また、集団的自衛権に該当するということもないのでございます。

（平成15年1月30日参議院予算委員会）

何を言っているのかわかりません。これは国際法的には武力の行使です。しかし、従来の内閣法制局の解釈では認められません。だから、強弁しているだけです。高辻長官は「何が国際法かは自分が決める」と豪語した御仁ですが、秋山長官もあまり変わりません。

二〇〇三年七月、国際法的にはどう見ても交戦当事国に相当するようなことを、「いや、当事国じゃない」と内閣法制局は言い張りました。

占領行政と申しますのは、武力紛争に際して適用されるいわゆる戦時国際法におきまして、一方の紛争当事者が相手方当事者の領土に属する地域を占領した場合に、当該紛争当事者が当該地域において行う統治的行為を指すというふうに解されているものと承知しております。

ところで、本法案（イラク特措法案）におきまして我が国が行います支援活動につきましては、政府側から累次説明しておりますとおり、安保理決議一四八三に従い、イラクにおいて行われているいわゆる当局の施政につきまして、この決議に基づき、当局の指揮下に入るものでなく、我が国として独自の立場で支援を行うものであります。

また、武力の行使を行ったことがなく、これに当たる行為を行うこともない我が国がこのような活動を行ったといたしましても、国際法上我が国が交戦国の立場に立つことはなく、したがいまして、我が国が交戦権を行使するという評価を受けることはないものと考えております。

（平成15年7月3日衆議院イラク人道復興支援並びに国際テロリズムの防止及び我が国の協力支援活動等に関する特別委員会）

林長官の時代には自衛隊の活動を最大限まで認めましたが、その際でも「占領行政は禁止」です。アメリカの要請（というよりヒステリックな命令）の前に、秋山長官は悠々と過去の解釈を乗り越えました。

ここで小泉内閣に内閣法制局の過去の答弁との不整合を衝く知恵者がいたら、林以上の解釈にできたのではないかと想像したくなります。

前任の津野長官と秋山長官、同じ法制局長官でも様々です。津野長官は大蔵省（現・財務省）出身。大蔵省は「官庁の中の官庁」のプライドがあるのか、司法試験合格者を法制局に送り込んできます。ちなみに津野氏は、京大在学中に司法試験に受かっています。もっとも、司法試験に受かって国家公務員になろうとする人は、普通は裁判官か検事になります。官庁に入るとしても他省庁より一段格上の財務省以外のところに行こうとは考えません。ちなみに秋山長官は通産省出身。そう言えば吉國長官も通産省出身でした。当時の国会答弁を生で見ていて、秋山長官は「人間らしいな」「自分でも何を言っているかわからず、ポジショントークを繰り返さざるを得ないのだろうな」と思っていました。

怜悧で隙がない津野長官に対し、どこか人間的な秋山長官相手には、小泉首相もアメリカの圧力をフルに利用して憲法解釈を変更させたのでしょう。

デタラメにデタラメの上塗り

数日後の七月二三日に開かれた国家基本政策委員会合同審査会での小泉首相の答弁は有名です。戦闘地域と非戦闘地域の区別について、民主党の菅直人にうるさく聞かれて、小泉首相が「どこが非戦闘地域でどこが戦闘地域かと今この私に聞かれたって、わかるわけないじゃないですか」とブチ切れました。

これ、実は正しいのです。現代の国際法では、宣戦布告がありません。だから、平時と戦時、味方と敵と中立の区別が曖昧ですから、戦闘地域と非戦闘地域の区別が不能です。言ってしまえば、テロリストがテロを起こせば、そこが即座に戦闘地域ですから。

それを法制局が軍事合理性を抜きにして、自分たちの憲法解釈に国際法を合わせようとするから意味不明になるのです。法制局は自衛隊が巻き込まれて戦闘することを恐れていました。それが、憲法が禁止する交戦権の行使になるのかどうかを。

各国が軍隊を差し向けるような場所ですから、イラクは治安が悪くなっているわけです。「治安維持活動を行う他国軍へ武器弾薬を輸送することについてはどうなのだ」との質問を受けて、秋山は「治安の悪い地域におきまして他国の軍隊が盗賊団に対して実力を行使している、そのような状況におきましても、それは、今申し上げたような意味での武力行使とは無関係の行為」「野盗等、盗賊団に対します実力の行使は、そのような意味での、憲法が問題といたします武力の行使には該当いたしません」と答えています（平成15年7月2日衆議院イラク人道復興支援並びに国際テロリズムの防止及び我が国の協力支援活動等に関する特別委員会）。

その行為が、外国からどう見られるか、国際法でどういう行為に当たるかを何も考えていません。そして、現場の自衛官のことも。

治安の悪化したイラクに平和維持活動で行っている各国軍隊は、盗賊に襲われたら戦います。自衛隊も襲われたら戦う。そして、自分たちが襲われているときに、他国の兵士の助けは、ありがたく受ける。外形的には集団的自衛権の行使のようではあるが、それは個別的自衛権の行使なのです。たまたまその場所がイラクで、たまたま外国人が助けてくれただけということになります。

では、逆にオランダ軍が盗賊に襲われているときに自衛隊は助けていいのか。基本的に集団的自衛権の行使なのでできない。しかし、パトロールをしていて、たまたま通りかかったところを助けるのは個別的自衛権の行使なのです。

冗談かと思いたくなりますが、そんなことを大真面目に言っていました。

「集団的自衛権は行使できない」と言い切ってしまったので、その憲法第九条解釈を守りながら海外派兵するとなると、ただでさえデタラメな内閣法制局の憲法解釈が、輪をかけてデタラメになっていくのです。

自衛隊がイラクで世界から評価された笑えない理由

武器使用基準についても、内閣法制局が仕切ります。

秋山曰く、「自己保存のための自然権的な権利という範囲内でしか武器使用はできませんので、積極的な意味での戦闘行為は、それはできない」(平成15年7月2日衆議院イラク人道復興支援並びに国際テロリズムの防止及び我が国の協力支援活動等に関する特別委員会)。要するに、警察官が正当防衛の感覚で銃を撃って良いとの発想です。できることを法律の条文に書いていく。「国連PKOにおきましても、武器使用基準は個々のPKO活動ごとに定められるものでありまして、統一的な基準というものが存在するわけではないと承知しておりますす」です(平成15年10月9日参議院国際テロリズムの防止及び我が国の協力支援活動等に関する特別委員会）。

現地の自衛官は、すべて瞬時に判断しなければなりません。実際には、やっていいことと悪いことの差など明確につけることが難しい。ただでさえ異国の紛争地帯でピリピリさせられる状態なのに、法的な環境整備のできていない自衛隊は他国の駐留軍の何倍も緊張を強いられる状況に置かれました。

ところが、結果的に日本の自衛隊のイラクでの評判はすこぶるよく、各国からうらやまれる存在となりました。しかし、その裏には涙ぐましい努力があるのです。

たとえば給水車に『キャプテン翼』のシールを貼って子どもたちに大ウケだった話などは日本でも大きく報じられたので、記憶されている方も多いと思います。

以下、佐藤正久さんの『イラク自衛隊「戦闘記」』からまとめます。

現地には浄水の能力がないので、自衛隊が水をつくり、それを配ったのですが、どうせ給水タンクや給水車を導入するのなら、一目で日本から贈られたものとわかる目印を入れればどうか。そうすれば、日本の支援をアピールする広告塔になり、日本の評価も上がる。外務省の江端《えばた》康行《やすゆき》さんの発案で、日本が贈呈する給水車には、現地でも人気の『キャプテン翼』のシールを貼ることにしました。通常、このような発想が浮かんでも実現は難しいらしいのですが、このときは外務省のＯＤＡ予算が使えたので実現したのだとか（佐藤正久『イラク自衛隊「戦闘記」』講談社、二〇〇七年、九二〜九四頁）。この件に関しては外務省のサイトにも『サマーワ「キャプテン翼」大作戦』として記載があります（サマーワ「キャプテン翼」大作戦─給水車が配る夢と希望─その２〈外務省「在サマーワ連絡事務所より」平成16年12月　在サマーワ外務省事務所　江端康行〉https://www.mofa.go.jp/mofaj/area/iraq/renraku_j_0412b.html）。

その他、現地部族長との交渉や人々とのふれあいに気を配った様子が描かれていて、佐藤さんは、最後には「嫁もやるから残ってくれ」と言われるほど信頼を得たとか。

つまり日本は宣撫工作が達人的に上手なのです。治安維持のために派遣された他の軍隊は英米やオランダ、オーストラリアなど主に欧米の白人国、イラク人から嫌われています。そして、ふつうの国の軍人は住民に嫌われながら仕事をすることに慣れていません。ところが日本の自衛隊は日頃から反日左翼に徹底的にいじめられているから、そういう人の扱いが世界一うまいという笑うに笑えないウソのようなホントの話です。

佐藤さんの言葉を借りると「当初、税金泥棒と非難されながらも、陸上自衛隊は、国民の自衛隊という矜持を忘れずに、住民との関係を大事にしながら歴史を積み重ねてきた。お祭りなどのイベントの支援から始まって農作業の支援まで、国民のために働き、住民に密着して活動を続け、育んだ文化がある。…（中略）…国民とともに汗を流してきたという歴史がイラクでも生きた」（前掲『イラク自衛隊「戦闘記」』一八一頁）。現場の自衛隊員の皆さんには頭が下がります。

持ち越される集団的自衛権の問題

さて、二〇〇四（平成一六）年六月には有事関連七法が成立します。

以下は同月の秋山長官の発言で、公海上で攻撃を受けた米軍への対応について述べています。

> 我が国に来援のために向かっている米軍が公海上で攻撃を受けたという場合に、我が国としてどのような対応ができるかという問題は、そのような攻撃が自衛権発動の要件のうち、我が国に対する武力攻撃の発生に該当するかどうかということで決まるわけでございます。
>
> 　それで、理論的にはこれが我が国に対する組織的、計画的な武力の行使と認定されるかどうかという問題でございまして、個別の事実関係において十分慎重に判断すべきも

のでありますが、仮に当該攻撃が我が国に対する武力攻撃に該当すると判断されるということも法理としては排除されないというのが政府の考え方でございます。
この場合には、我が国として自衛権を発動して武力を行使し、我が国を防衛するための行為の一環として当該米艦の防衛をすることもあり得る、法理的にはあり得るものと考えます。

（平成16年6月10日参議院イラク人道復興支援活動等及び武力攻撃事態等への対処に関する特別委員会、第一六号）

米軍が公海上での行動中に自衛隊と共にいる。米軍が攻撃される場合、これは日本に対して攻撃したのかもしれないと受け取って戦っていい。これは個別的自衛権であって集団的自衛権ではないとのこと。
集団的自衛権の問題は、安倍内閣に持ち越されます。

第七章

横畠裕介長官——内閣法制局の病理

7・1　「親安倍」vs.「反安倍」

悲惨な言論状況の日本

安倍晋三は「戦後レジームからの脱却」を掲げ、政権を奪取しました。しかし、あまりにも多くの改革に着手しただけに、大きい反発も招きました。

その中でも、小泉内閣以来の課題となっていたのが、集団的自衛権です。吉國長官以来の「保持しているが行使できない」との解釈が継承されてきましたが、安倍首相はこれに切り込もうとしました。しかし、断念しました。内閣法制局の宮崎礼壹長官は、安倍首相が強行した場合は辞任するつもりだったとか（『朝日新聞』二〇一四年三月三日）。第一次安倍内閣は、わずか一年で退陣に追いやられます。

第一次安倍内閣（二〇〇六年～二〇〇七年）、福田康夫内閣（二〇〇七年九月～二〇〇八年九月）、麻生太郎内閣（二〇〇八年～二〇〇九年）と一年の短命政権が続き、総選挙の敗北で自民党は下野。民主党政権が成立します。

しかし、鳩山由紀夫（二〇〇九年～二〇一〇年）、菅直人（二〇一〇年～二〇一一年）、野田

佳彦（二〇一一年〜二〇一二年）と、これまた短命政権が続いた後、再び政権は自民党に。安倍晋三が返り咲き、憲政史上最長の政権を築き上げます（二〇一二年〜二〇二〇年）。

この間、特筆すべきは民主党政権です。民主党は「政治主導」「官僚政治の打破」を掲げて、政権を奪取しました。政治家が官僚の言いなりになってはならないことだけは知っていた。しかし、それだけでした。法制局との関係で言うと、鳩山政権は法制局長官の答弁を廃止しました。法令解釈に関しては選挙で選ばれた政治家が責任を持つべきだとの考えからです。しかし効果を発揮することもなく、菅直人内閣ではすっかり元に戻っていました。

民主党は官僚の言いなりになる能力もない政党として烙印を捺され、下野後は党が崩壊し、民進党を経て立憲民主党に至ります。

こうした有様を、自民党は「悪夢の民主党政権」と呼び、徹底的に宣伝しました。リベラルの民主党と保守の安倍。激しく日本の言論界は分断されます。日本には「親安倍」と「反安倍」の二つしか選択肢がないかのような状況が八年間、続きました。

こうした言論状況を踏まえないと、安倍内閣が行った、「集団的自衛権の解釈変更」の意味が、何もわからなくなります。

親安倍派は「内閣法制局が一貫して守ってきた憲法解釈を変えて集団的自衛権を行使する

ぞ」で、反安倍派は「内閣法制局が一貫して守ってきた憲法解釈を変えて集団的自衛権を行使するな」で、二〇一四年秋から翌年までの一年間、延々と政争が繰り広げられました。論戦は国会を飛び越えて、毎日のようにメディアをにぎやかし、普段は政治に発言などしないタレントも「集団的自衛権の行使反対」「日本を戦争ができる国にするな」の大合唱。国会周辺では毎日のようにデモ隊が取り囲みます。安倍応援団は、保守系の雑誌や新聞、インターネット番組に立てこもります。

この騒動を私は冷めた目で見ていました。私も言論人の一人なので、「賛成か反対か」を聞かれることもありました。「なぜ、おまえは保守のくせに安倍さんの応援をしないのか」と激しく攻撃されたこともあります。しかし、本書をここまで読んできた方にはおわかりでしょう。私が冷めていた理由が。

右も左も、「ぞ」か「な」の、最後の一文字以外は論理構造が同じです。そして「内閣法制局が一貫して守ってきた憲法解釈」などという、間違った前提に立脚している。そして反安倍の左は「戦争ができる国にするな」と煽っていた。結果、数の力で集団的自衛権の解釈変更は通り、解釈変更に基づく安保法制は通った。

では、日本は戦争ができる国になったのか？　もしそうなら、この原稿を書いている時点で極東ロシアの兵はウクライナに行っていますから、背後を衝いて北方領土を取り返すのは可能かなどの議論が交わされているはずです。しかし、そんな話になど、なっていません。

親安倍の右も同じ穴の狢《むじな》です。戦争ができる国にする覚悟も責任感もなく、政権与党に尻尾を振って安全地帯から、「安倍さんの悪口を言う人の悪口」を吠えていただけです。

7・2　安倍内閣と内閣法制局

小松一郎の悲劇

内閣法制局長官は戦後、法務、旧大蔵（財務）、旧通産（経済産業）、旧内務（総務）の四省出身者しかなれないことになっていました。かつ、法制次長からの昇格が慣習です。

ところが安倍総理はまず、外務省出身の小松一郎元駐仏大使を長官に起用しました。小松一郎は外務省条約局長出身で、第一次安倍内閣において既に集団的自衛権の解釈変更の推進に助力していた親友ともいうべき存在でした。安倍晋三はいきなり人事介入する強い総理だったのです。二〇一三年八月、衆議院選挙・都議会議員選挙・参議院選挙と短期間で三連勝した安倍首相は、強い総理だったはずです。戦後、誰もなしえなかった、内閣法制局長官人事への介入に成功しました。

ところが一〇月一日、財務省との権力闘争に敗れた安倍首相は、消費増税八％を宣言します。その後は何とか盛り返し長期政権を続けましたが、弱すぎる野党に助けられただけです。その証拠に、八年も首相の地位を独占しながら、何の実績もありません。景気回復は続けましたが緩やかに過ぎず、政権発足当初の破竹の勢いは失われたままでした。

政権発足当初こそ首相の人事介入を許しましたが、法制局も手をこまねいていたわけではありません。むしろ手ぐすね引いて、逆襲の機会を待っていました。

法制局には参与会議があります。相談役が集まって会議を行うのですが、その参与の大半は歴代長官が務めています。小松長官が就任して初めて参加した参与会議の席で、いきなりクーリングオフの問題点を議題にしました。クーリングオフとは、主に消費者保護を目的として一定の期間であれば無条件で契約の申し込みを撤回したり、契約を解除したりできる法制度です。外交官を務めていた人がクーリングオフの詳細など知るわけがありません。針のむしろです。会議後、記者がある参与に今日の参与会議はどうだったかを質問したところ、「小松氏は議論についていけていないようだった」と上から目線で答えたとのことです（『産経新聞』二〇一三年一一月二六日）。法制局に乗り込んだけれども、しょっぱなからリンチに遭いました。

小松長官の長官就任は二〇一三（平成二五）年八月でしたが、翌年の一月下旬、通常国会の開会直前に末期がんを宣告されます。長官続任を決心して二月に公務に復帰したもののストレスが高じて五月に退任して内閣官房参与に。その在任中の六月に亡くなられました。

言ってしまえば、安倍総理は、「刺客」を送り込んだものの「死体」となって送り返されたわけです。当時法制次長を務めていた横畠《よこばたけ》の昇格を阻止して友人を送りこんだ。すると、横畠以下法制局に始末されてしまった。安倍首相はその後、どうしたでしょうか。

横畠新長官に頼りっきりになりました。

横畠は一九五一年生まれ、七六年に検事任官。内閣法制次長までは順調に出世。本節の経緯の末に、長官へ就任します。

北朝鮮と自衛隊

安倍晋三は、拉致被害者を救出するぞと、小泉純一郎内閣の官房副長官としては頑張った人です。だから保守の期待が集まりました。しかし安倍内閣の八年間で拉致被害者の誰一人として取り返せませんでした。被害者の一人である横田めぐみさんの父・滋さんが二〇二〇(令和二)年六月に亡くなられた時は本当に悔しそうで申し訳なさそうでした。

二〇一四(平成二六)年三月五日の参議院予算委員会で安倍首相は、当時みんなの党の井上義行参議院議員の質疑「北朝鮮で内乱が起きたときに自衛隊が拉致被害者を救出に行けるような法整備を」に対して次のように答弁しています。

> 現状況の中において、現在の法の枠組みの中において、もし北朝鮮において内乱的状況が発生した場合においては、現行の在外邦人を保護するための枠組みとしては自衛隊法に基づく在外邦人等の輸送があるわけでありますが、当該輸送を行う際には先遣先国の同意を得ることが前提となるため、御指摘の北朝鮮の内乱のような事態に際して拉致被害者を救出することは困難であると考えられます。
>
> 他方、この派遣先国の同意が得られない場合に、部隊を派遣して自国民を保護、救出することは、国際法上は一定の条件を満たす場合には自衛隊の行使として認められる場合があると考えられます。
>
> しかしながら、我が国の場合は憲法第九条の制約があるため、御指摘のような事態、

> すなわち我が国に対する武力攻撃が発生しているわけではない北朝鮮の内乱のような事態については、一般的には直ちに自衛権発動の要件に該当するとは言えません。自衛隊の特殊部隊を救出するために派遣するといった対応を取ることは憲法上難しいと言わざるを、まあこれは、様々な検討を加えてもこれは憲法上は難しいという判断でございます。
>
> （平成26年3月5日参議院予算委員会）

つまり、憲法を子細に検討したところ、北朝鮮有事の時に自衛隊が乗り込んでいって救うなんてことはできません、ということです。これを言わせたのはもちろん横畠長官です。

北朝鮮の内乱時に、自衛隊は入っていけない。ポイントは、内乱時、です。法制局は、安倍内閣に知恵をつけてくれました。内乱時に相手国の同意がないのに自衛隊が勝手に入っていくことはできない。つまり相手国からの要請があれば入っていいということですが、北朝鮮の誰が自衛隊に要請するのでしょうか。これはもはや国家主権の放棄です。

少しだけ救いを言っておきましょう。二〇二一（令和三）年九月、アフガニスタン危機に際して当時の菅《すが》義偉《よしひで》内閣が解釈変更しました。日本人退避のために自衛隊が派遣されましたが、それは、現地にいるアメリカ軍の要請があったので行ったのです。アフガニスタンは、タリバンがガニ大統領の政権をひっくり返して、無政府状態になっていました。その時点で秩序を握っているアメリカ軍の要請があったので行った、という無茶な解釈を菅内閣は行いました。当時の加藤勝信官房長官は、緊急事態であり自国民の退避のためなので相手国の同意がなくても国際法上問題はない、というふうに言っています。この時の内閣法制局長官は、横畠の後任の近藤正春です。

集団的自衛権を行使できる新三要件

肝心の集団的自衛権はどうでしょうか。横畠長官は、リベラル陣営からは、安倍内閣の言いなりだという評価を受けています。果たしてそうでしょうか。

二〇一四（平成二六）年七月一日に安倍内閣が閣議決定した、集団的自衛権を行使できる新三要件があります。

（一）我が国に対する武力攻撃が発生したこと、又は我が国と密接な関係にある他国に対する武力攻撃が発生し、これにより我が国の存立が脅かされ、国民の生命、自由及

び幸福追求の権利が根底から覆される明白な危険があること

（二）これを排除し、我が国の存立を全うし、国民を守るために他に適当な手段がないこと

（三）必要最小限度の実力行使にとどまるべきこと

ちなみに旧三要件は次の通りでした。

（一）我が国に対する急迫不正の侵害があること（我が国に対する武力攻撃が発生したこと、相手方が武力攻撃に着手したとき）

（二）これを排除するために他の適当な手段がないこと

（三）必要最小限度の実力行使にとどまるべきこと

（三）は全く同じです。（二）の、他の適当な手段がない、もあまり変わりません。「我が国の存立を全うし、国民を守るために」などと余計な表現が入っていて、それが何なのかの解釈で悩みますが。

問題は（一）です。「我が国に対する武力攻撃が発生したこと、又は我が国と密接な関係にある他国に対する武力攻撃が発生し」という部分はいいでしょう。自分に急迫不正の侵害が発生するだけではなくて、わが国と密接な関係のある国に対して武力攻撃が発生する、つまり「他の国」をつけました。これが「集団的」の意味です。

ところが、「これにより我が国の存立が脅かされ、国民の生命、自由及び幸福追求の権利が根底から覆される明白な危険があること」という余計な条件がついています。仲間を守っても良いが、「急迫不正の侵害」にさらなる条件がつけられているのです。

横畠長官は新三要件のもとで新たに認められる限定的な集団的自衛権について、「仮にそれが毒キノコだとすれば煮ても焼いても食えないし、その一部分をかじってもあたります。では、フグかもしれない。フグだと毒があるから全部食べたらあたりますけれども、肝を外せば食べられる、そういうこともある」と言っています（平成27年6月19日衆議院我が国及び国際社会の平和安全法制に関する特別委員会）。うまいことを言っているつもりなのでしょうが、いったい何の話をしているのかわかりません。

それはともかく、「集団的」を認める代わりに、「自衛権」の行使そのものを難しくさせました。「戦闘で負けて戦争に勝つ」の典型です。

連立与党である公明党は、当時、平和の党を謳っておきながら安倍内閣の戦争法案に加担しやがって、などと非難されました。しかし作家の佐藤優《さとうまさる》氏は、二〇一五（平成二七）年七月六日付の公明新聞で、公明党は勝ったのだ、と書いています。

佐藤氏の主張は、《個別的自衛権の枠を超えることが一切ないという枠組みを、安倍首相の「集団的自衛権という言葉を入れたい」というメンツを維持しながら実現したわけで、公明党としては、獲得すべきものは全部獲得したと、私は考えている》、《むしろ集団的自衛権の行使を熱望していた人たちの野望を、今回の閣議決定で抑え込んだ形になっているというのが現実である》というものでした。

佐藤氏の解説は、実に正確です。

日本をますます戦争ができない国にした

安倍内閣の、アメリカと一緒に集団的自衛権を行使する、という姿勢を吉田ドクトリンの否定と受け取った人もいました。吉田茂は、朝鮮戦争に際して、アメリカの猟犬に使われるのは嫌だ、との態度でした。一時的な対処だったつもりが、後にドクトリン、つまり原則化してしまったのです。

安倍首相に対しては、その吉田ドクトリンを取り払い、アメリカの戦争であれば地球の裏側まで行けるようにするつもりか、という批判がありました。そこで横畠長官に助けを求めます。そうして、次のような、他国の武力の行使との一体化を防ぐための四つの要件が用意されました。

一、戦闘活動が行われている、あるいは行われようとしている地点と当該補給等の活動が行われる場所との地理的関係
二、当該行動等の具体的内容
三、他国の武力行使の任に当たる者との関係の密接性
四、協力しようとする相手の活動の現況等

これらを精査して対応するということなのですが、これは軍隊ではありません。イザというとき、何もできません。

そして安保法制が通った直後の一〇月、バラク・オバマ当時米大統領が南シナ海で航行の自由作戦を実行しました。アメリカは日本も当然来るものだと思っていたことでしょう。と

ころが、予算が付いていないので行きません、ということになりました。

安保法制で明け暮れた時期、私は次世代の党で自主憲法起草委員会顧問をしていましたので、意見を求められました。

私は次のように答えました。「米軍基地を提供している、思いやり予算を計上している、湾岸戦争の時には一〇〇億ドルの支援を行った、などのことから集団的自衛権はとっくに行使している。とっくに行使しているものをこれから行使するぞという議論そのものがおかしい。それより、林長官の時の解釈に戻すべきである」。

それはぜひ進言すべきだ、と言われましたが、私は、「これを言ったら安倍内閣は吹っ飛びかねないし、言ったところで今までの議論をちゃぶ台返しする話になるので右も左もどうせ聞かないだろうし」と答えました。

そうしたところ、当時次世代の党に所属していた和田政宗参議院議員が憲法審査会で質問してくれました。「基地提供により集団的自衛権を既に行使しているのではないでしょうか。もし行使に当たらないというのであれば、憲法解釈を変更したということになりますが、内閣法制局長官、どうでしょうか」と聞いてくれたのです。

それに対する答えです。

集団的自衛権という考え方は国連憲章において初めて登場したものでございまして、御指摘の昭和三十年代におきましては、その内容等についてなお議論があったところでございます。

当時の岸総理の答弁等では、他国の領域に出ていってその国を守ることをその最も典型的な行為であり憲法上許されないとする一方、他国に対する基地提供や経済的援助等も集団的自衛権と呼べば呼べないこともないというような答弁がございます。

その後、個別的自衛権及び集団的自衛権というのは、そのような基地の提供でありますとか経済的援助ということの根拠ではなくて、実力の行使に係る概念、すなわち武力を行使する場合の要件であるというふうに整理され、その理解が定着しているところでございます。

今般の新三要件につきましても、そのような武力の行使の要件であるという意味での個別的自衛権、集団的自衛権という概念を前提として整理をしているところでございます。

(平成27年8月19日参議院我が国及び国際社会の平和安全法制に関する特別委員会)

実に勝手な言い分です。昭和三〇年代は議論があった、確かに首相の岸はそう言ったかもしれないが後に議論が整理された、だから基地提供や経済援助は集団的自衛権の行使ではない。法制局が国際法を無視した議論をするのは横畠に始まったことではありませんが。しかし、法制局の解釈が変更されていることを自分で認めています。

官僚は、自分の理屈の矛盾をつかれると〝天変地異〟に頼ります。横畠長官は、その頃は集団的自衛権の解釈は世界的に定着していなかった、したがって、我々の人為の及ぶところではないのだ、と。

佐藤内閣を思い出してください。

狂信的な左翼がわけのわからない言いがかりをつけてくる。

←

法制局長官が軽くいなす。

←

自民党は頼りにする。だから法制局が毒を混ぜても気づかない。

安倍内閣は再現ＶＴＲのようでした。

7・3　皇室と安倍内閣、そして内閣法制局

自称保守たちの大合唱

二〇一六（平成二八）年八月八日、当時の天皇陛下（以下、上皇陛下）が突如としてビデオメッセージを発せられました。これは言うなれば「玉音放送」です。宮内庁のウェブサイトに動画とメッセージの書き起こし文章が残されています。

陛下は「既に八〇を越え、幸いに健康であるとは申せ、次第に進む身体の衰えを考慮する時、これまでのように、全身全霊をもって象徴の務めを果たしていくことが、難しくなるのではないかと案じています」「天皇が健康を損ない、深刻な状態に立ち至った場合、これまでにも見られたように、社会が停滞し、国民の暮らしにも様々な影響が及ぶことが懸念されます」とおっしゃり、そのために、「国民の理解を得られることを、切に願っています」と

だけ述べられました。その言葉は使われませんでしたが、「譲位」について真剣に考えてほしいと語りかけられました。

第四章を思い出してください。立憲君主は普段は儀式を行う存在だけれども、政治に関する発言権はありますし、その結果として影響力を及ぼして構わないのです。これをイギリス憲法では「警告する権利、激励する権利、相談を受ける権利」と整理し、世界中の立憲君主国の通義となっています。上皇陛下は当時、相談を受ける権利を行使されたと言って良いでしょう。

ただし、長らく「天皇ロボット説」が内閣法制局の決めた有権解釈で、天皇は政治に関して発言ましてや影響力を行使してはならないとされました。上皇陛下のビデオメッセージこと玉音放送は、「天皇ロボット説」に風穴を開ける行動でした。

報道各社の世論調査を総覧すると、天皇陛下の譲位については日本国民の九〇%は賛成でした。控えめな数字で八三%、あるいは八五%、高めの数字だと積極賛成が九五%です。残りが、わからない。そして積極反対が一%ほどありました。

積極反対一%が誰だったかというと、いわゆる保守系言論人が一斉に譲位反対に回りました。このように一部の雑音はありましたが、国会の方は極めて上手く進み、譲位には共産党まで含めて賛成しました。

この過程で安倍内閣は内閣法制局に意見を求め、「国民の同意を要する」との条件を引き出しました。国民の同意が必要、というのは、それはその通りでしょう。国民が反対しているのに、辞めたいから辞めるのでは立憲政治ではありません。そもそも我が国は天皇独裁ではなく、君民共治の国柄です。ここまでは問題ありません。

しかし、法制局の狙いは、「天皇の意思で辞めてはならない」です。これを横畠は公式に口にしています。


天皇の退位という行為が憲法に規定されている国事に関する行為に当たらないことは明らかでありますことから、天皇の交代という国家としての重要事項が天皇の意思によって行われるものとした場合、これを国政に関する権能の行使に当たるものではないと言えないのではないかという問題、また、仮に天皇がその意思によって退位することができるとした場合、将来においてでありますが、いわゆる退位の強制、例えば天皇に対して退位を迫るような行為が行われることや、いわゆる恣意的な退位、例えば政治的な意図を含んだ退位あるいはその表明が行われるといったことが生じないことを制度として担保することができるのかといった諸問題があると考えられます。

（平成28年9月30日衆議院予算委員会第二号）

これを自称保守の憲法学者が熱狂的に支持しています。この時に安倍応援団は「天皇は安倍さんに逆らうな」とまで言い出しました。当時の保守系月刊誌に平気でそういうことが書いてあります。

問題は、保守を自認する首相の安倍晋三が、「天皇ロボット説」だったことです。

皇室を貶める安倍内閣

西暦で言えば六四五年の「大化」以来、建前上、元号を改める改元大権は天皇の権能です。実質は、時の権力者の好き勝手にされたのですが、天皇が定めるという建前は変わっていません。平成の御世代わりの時、上皇陛下の最初の仕事は改元でした。平成改元の際の竹下登には、それくらいの良識はありました。ところが安倍晋三には竹下登ほどの尊皇心もありませんでした。

譲位が決まりましたから、一世一元の制なので、元号は変わります。それは元号法に規定されています。改めて元号法を見ましょう。

【昭和五十四年法律第四十三号　元号法】

1　元号は、政令で定める。

2　元号は、皇位の継承があつた場合に限り改める。

附　則

1　この法律は、公布の日から施行する。

2　昭和の元号は、本則第一項の規定に基づき定められたものとする。

帝国憲法時代の「大正」「昭和」、そして現行憲法での「平成」は事前に準備されていましたが、御世代わりまでは公表されません。昭和改元の際は、毎日新聞が「次の元号は光文」だとスクープしたので、わざと「光文」を使わなかったと言われます。ちなみに広く日常的に使われている言葉は元号にしませんから、「光文」は絶対に元号となりません。あなたが手に取って読んでいる本の出版社は、光文社です。

閑話休題。つまり、元号の事前公表は絶対に許されないのです。これまでは天皇陛下の崩御により改元、今回は譲位による改元ですが、元号の事前公表は許されない、少なくとも元号法からは絶対に読み取れないはずです。元号法には「元号は、皇位の継承があった場合に限り改める」とあります。つまり、天皇の代替わりにしか元号は変えてはいけないはずです。皇位の継承がある前に改元してはいけません。

ところが、令和の元号は二〇一九（平成三一）年四月一日に事前公表されました。

事前発表は、上皇陛下の玉音放送（ビデオメッセージ）が、いかに内閣法制局の逆鱗に触れたかの表れです。

法制局は、元号の事前公表をして皇室を貶めました。ただ「事前公表をしただけで変えたわけではないのだから、まだ新元号は使うな」という辻褄合わせの通達が全官庁に出されました。当時、「平成三五年まで有効の免許証」が話題になりました。元号は事前公表しただけで、変わったわけではないので、従前どおりの運用をせよ、とのことです。ちなみに財務省だけは特例を認められたらしいのですが、真面目に調べる気にもなりません。

要するに、皇室を貶めるためだけの、事前公表です。

この件に関し、法制局は国会で何の答弁もしていませんので、公式見解はわかりません。

しかし、本来なら仮に時の政権が「元号の事前公表」のような暴挙をしようとした時に止めるのが、法制局の仕事です。横畠長官は最大限弁護しても、「不作為犯」です。

使ってはいけない字

事前公表は午前一一時三〇分に行われ、「令和」の新元号が発表されました。反安倍のリベラルは「命令の令だ」などと次元の低い批判を繰り広げ、親安倍の保守は「それは全国の令子さん差別だ」などと、さらに程度が低い反論をしていました。普通の人にはわからなくても、少し元号に素養がある人間なら、「令和」の元号を聞いた瞬間に、そこに込められた呪いに気付きました。

元号の事前公表は、テレビなどでリアルタイムに報道されていました。私はＮＨＫの放送を見ていました。出演していた歴史学者の本郷和人《ほんごうかずと》氏と法制史学者の所功《ところいさお》氏が発表の瞬間に絶句していました。所氏は、その一〇秒後には歯が浮くような美辞麗句で褒め称えていましたが、本郷氏はその後も「これは使ってはいけない字だ」と言い続けています。所氏も本郷氏も、女系天皇容認を唱えたことがあり、思想的には私とは違います。しかし、思想的立場に関係がなく、評価が一致する事実はあります。

本郷氏は古代末期と中世が専門の歴史学者らしい根拠として、「令和の令は皇太子に使う字である」との点を挙げています。有名な例では、平安時代末期に源氏に対して平氏追討の命を下した「以仁王《もちひとおう》の令旨」があります（ちなみに以仁王は皇太子ではないので令旨ではないのですが、一般に浸透しました）。天皇が命を下す時には、「勅」「詔」「綸旨《りんじ》」といった字を使います。

親安倍の譲位反対の論者が用いた論理として、「上皇と天皇の二重権威になり院政のようなことが再現されたらどうなるのか」という小学生レベルの愚かな主張がありました。政府の有識者会議に呼ばれるような教授がそういうことを言い出すので卒倒したくなりますが、簡単に言うと、上皇になった瞬間に院政が可能なら、複数の上皇がいる場合はどうするのか、です。

そんなことより、その院政期。「今の帝は東宮の如し」と言われました。東宮とは皇太子のことです。いつまでたっても皇太子扱いである、という悪口です。

誰が考えたかは知りませんが、令和という元号は、「生前退位をやらかしたからお前の息子は未来永劫皇太子のままだぞ」という呪いです。

まだあります。

令和は漢文として読み下すと、「和に令す」です。「日本国に命令する」という意味です。

誰が命令するのでしょうか。

安倍首相は、「私が決めた元号です」などと喜んでいました。今までは漢文の古典から字を採っていたが、今回は初めて万葉集から採ったのだ、などと誇らしげに語っていました。皇室は先例を尊ぶ世界です。無理やり新儀をやるのは不吉とされて嫌われるということをわかっていない。元号の事前公表に加えて恥の上塗りです。

まだまだあります。

「和」の字は先例が多々あるので、元号に使っても全く問題はありません。しかし「令」の字には、使わなかった先例があり、極めて不吉です。

幕末に元治という元号がありました。西暦で言えば、一八六四年から一八六五年です。改元の時に、候補の一つとして挙がっていたのが「令徳」でした。朝廷が、「元治か令徳」にしろ、と言ってきたのに対して、幕府のほうが「徳川に命令するのは御無体な」ということで採用されませんでした。

一八五三年のペリー来航から一〇年あまり、それでも徳川幕府は安定していました。ところが、元治は長州藩が内乱を起こし、幕末の動乱が本格化するという時代でした。元号は「和」のようにどこからも文句をつけようがない、縁起が良い文字の組み合わせで行うものです。特に、世俗から離れて、国家全体、国民全体の安寧を祈る為に元号があります。このような不吉な文字は使ってはならないし、「令徳」の悪例があるのです。

安倍首相は、皇室に対し意趣返しをしたかったのか、それとも本当に単なる無知で良かれと思ってやったのか。

いずれにしても「天皇ロボット説」は健在のままであり、それどころか上皇陛下と天皇陛下が貶められる結果となりました。

恐るべし、内閣法制局。

横畠は安倍内閣のかなりの期間、長官の任に就いていました。安倍内閣ができた直後、小松長官と入れ替わりで辞めた山本長官は最高裁判事になっています。その山本長官が最高裁判事の任期を終えたので、次は横畠の出番のはずでした。ところが、横畠は、法制局長官の最高の天下り先である最高裁判事には就けず、国家公安委員というごく普通の天下り先に行きました。

現在、最高裁に内閣法制局長官出身者はいません。横畠が最高裁判事になれなかった理由は謎です。

第八章

近藤正春長官——本来の法制局の仕事

8・1　異色の長官

短く、さりげなく、簡潔に

第二次安倍政権以降五年四か月も内閣法制局長官の座に居座った横畠裕介に代わり、近藤正春が後継に就きました。二〇一九（令和元）年九月のことです。その後、菅義偉内閣（二〇二〇年九月～二〇二一年一〇月）、岸田文雄内閣（二〇二一年一〇月～現在）において、長官の地位にあります。

近藤は一九五六（昭和三一）年生まれ、東大法学部を卒業後に通産省（現・経済産業省）に入省。二〇〇五（平成一七）年からは内閣法制局主幹～第四部長～第二部長～第一部長～法制次長～長官と順当に出世しました。横畠には第一部長・法制次長として仕えています。次の次と目されていましたが、前任の横畠の在任が長かったので、次の長官となりました。

私は本書制作のため、歴代長官の答弁を片っ端から読んでいったのですが、近藤長官の答弁には極めて特徴があります。短い。そして、さりげなく、怖いことをぶち込んでいる。国会答弁を見ていても飄々《ひょうひょう》としているのですが、中身があることを簡潔に言っています。しかも、わかる人にだけわかる言い方で、はっきりと物を言っています。

例を二つあげます。

二〇二一年二月、立憲民主党衆議院議員の津村啓介が、「皇籍を離脱して民間人となられた元皇族及びその子孫の方は、現行憲法における国民に該当されるのでしょうか。また、門地による差別を禁じた日本国憲法上、その方々への新たな皇籍等への復帰、付与というものは許容されるのでしょうか。許容されるとしたら、どのような憲法解釈によるのでしょうか」という質問を行いました。近藤長官の答弁は次の通りでした。

> お尋ねの皇籍等への復帰という問題につきまして、憲法との関係はどうかという御質問がございましたけれども、具体的な制度、趣旨、内容等が明確でないとなかなか御判断することができませんので、そこはちょっとお答えすることは困難であると思います。
>
> （令和3年2月26日衆議院予算委員会第一分科会）

津村議員は、「私は、憲法上にそういう余地があるのかというお話をしています」、つまり、憲法違反ではないかと追及しますが、近藤長官は諭すように答弁します。

少し、法制局の立場でございますけれども、法制局はあくまでも内閣の法制局でございまして、担当省庁がいろいろ政策を立案したり立法化するような段階に、個々の案件に応じて、憲法との整合性等を議論すべきときはするということでございまして、一般的にふわっと憲法との関係を解釈するとかいうことはしておりませんで、あくまでも、個々の、政府の中における具体的な政策等々の必要性に応じて、それについて細かく慎重に判断をしていくということでございますので、今のような形での、大きい、一般的な設定における憲法判断というのは軽々にはできないというふうに考えております。

（令和3年2月26日衆議院予算委員会第一分科会）

軽くいなしています。法制局の職責については、近藤長官の答弁の通りです。歴代長官の中には勝手な憲法解釈をしまくっていた人が多々いたような気がしますが……。

この手の答弁は、検察庁法改正の際の質疑応答においてもありました。立憲民主党衆議院議員の高井《たかい》崇志《たかし》（現在は、れいわ新選組）は「法制局は〔法務省に〕何を相談されるんですかね」と押し問答を仕掛けてきました。「紙が来たとおっしゃいましたけれども、この二枚の紙のことですか、それ以外の紙もあるんですか」という質問に対しての答弁です。

その下に、もちろんその解説書ですとか、あと条文もございますし、条文は、まあ、私、自分で六法を持っていますのでそこから引き出しますけれども、過去の解説書、国家公務員法の解説書であったり、検察庁法の解説書、もう今はそれしか資料がなくて、それ以外は当時なぜそういう解釈をしたかを示す資料がないものですから、もうそれだけがある意味では今の唯一の資料でして、それがとりあえず今検討するに当たってよすがとなる資料であるということで、それを全部読んで判断をしたということでございます。

（令和2年2月25日衆議院予算委員会第二分科会）

法制局長官が六法全書を持っているのは当たり前でしょう。一方、真面目な質問をする議員には、相応の態度で答える人です。本章で見ていきます。

8・2　黒川騒動

法務・検察の人事抗争

二〇一九（令和元）年一一月二〇日、安倍内閣は憲政史上最長の桂太郎内閣の通算在任日数を超えましたが、退陣する気配はありませんでした。それどころか二〇二〇（令和二）年八月二四日には、佐藤栄作の連続在任記録をも抜きます。佐藤の記録を抜いたその日から「実績はあるけど、レガシー（遺産）がない」と報じられるようになりました。長すぎる安倍内閣に、人心は離れていました。直後の二八日、安倍首相は退陣表明をします。

この政変に、近藤長官は関わっています。

三部作と前著『検証　検察庁の近現代史』（光文社、二〇一八年）の「おわりに」においてエピローグとして、法務・検察の人事抗争に触れました。すなわち、稲田伸夫検事総長の後任をめぐって、黒川弘務東京高検検事長と林真琴名古屋高検検事長が争っていました。法務検察内では林が本命と思われていましたが三度も出世を拒否され、黒川は「安倍内閣の守護神」とも呼ばれて覚えがめでたい存在と目されていました。しかし検察人事は、総長とその他の検察官の定年が違う点が、複雑です。この時、稲田は六五歳の定年前の辞表提出を拒否、黒川は六三歳の定年を目前に控えていました。このまま推移すれば、誕生日が五か月遅い林が総長になる見込みでした。

ところが二〇二〇（令和二）年一月三一日、黒川の定年延長が突如として閣議決定されます。黒川の誕生日は二月八日です。それまでも首相官邸と検察の冷戦が続いていましたが、これを機に抗争は熱戦と化します。主戦場は国会です。

安倍内閣は、国家公務員法の定年延長の規定を適用、黒川の定年を延長しました。しかし検察官は、国家公務員ではありますが国家公務員法は適用されずに、検察庁法が適用されます。国家公務員法は一般法で、検察庁法は特別法です。法の大原則として、特別法は一般法に優先します。国家公務員法に何が書いてあろうが、検察官は検察庁法という特別法によって規定されます。野党、特に野党第一党の立憲民主党は、ここぞとばかりに攻撃します。

まず、二〇二〇（令和二）年二月一七日に行われた衆議院予算委員会で、立憲民主党衆議院議員の奥野総一郎が、「事前に法解釈について法務省から相談があったのか」「本来なら法律改正でやるべきところを、なぜ今回解釈でやることを認めたんですか」と質問しました。

これに対し、近藤長官は驚愕の答弁を行いました。

ことしの一月に入りまして、検察庁法の現行の解釈を前提に次の改正を考える関係からそこについての御説明があって、現行法をこう解釈しますという御説明がございまして、私どももそれを了としたところでございます。

内容については、法務大臣から何度も御説明されておりますような解釈でございまして、私どもも、現行法、国家公務員法の八十一条の二と、それから検察庁法の三十二条の二という、その特例を書いたところというのは、ほとんど解釈でやられておりまして、明文上ははっきりしておりませんけれども、従来そういう解釈だったが、今回まさしく、その特例については定年の年齢と退職時期であるという解釈であり、そうであるならば、定年で退職するという規範そのものは国家公務員法の適用がされる、それが一般法と特別法の通常の関係でございますので、そういうことでもあり、また、検察官につきましても定年延長についての趣旨を適用するべきというふうに考えたいということでございまして、それ自身は、今の条文から見ますと十分可能な解釈であるということで、私どもも了といたしました。

（令和2年2月17日衆議院予算委員会）

この答弁、私はテレビの生中継で見ていたのですが、腰を抜かしました。実際の発言時間は一分くらいだったでしょうか。よどみなく早口だったので、疾風が通り過ぎたような感覚が走りました。近藤長官が何を言ったか、おわかりでしょうか。

要するに、「聞かれたから答えた」とだけ言っているのです。さらに言うと、形式上、法令解釈の権限は現用官庁にあります。法制局にはありません。

確かに、内閣法制局設置法第三条の所掌事務は、「法律問題に関し内閣並びに内閣総理大臣及び各省大臣に対し意見を述べること」です。政治家や他の官僚が、「アイツらが言っていることだから」と信じるから法制局の法令解釈が権威を持っているだけで、何の権限もないのです。

ところが、実際には大臣だけではなく、官僚の問い合わせにも答えます。それどころか、聞きもしないのに意見を言うこともあります。もし法制局から「違憲の疑義がある」とクレームが飛んで来たら、その官庁をあげての大騒動になります。法制局のクレームに対して竹下登が調整をして大蔵省に貸しを作った話は、「はじめに」で触れました。

比喩でもなんでもなく、法制局からクレームが飛んできたら、官僚たちはその瞬間から家に帰れず徹夜仕事です。逆に、国会議員なんかから問題がある法令だと疑念を呈されても、「法制局と相談しています」と自信満々に語る官僚もいます。事実、その一言でたいていの事案は、鎧袖一触《がいしゅういっしょく》です。

8・3　後ろ盾を失う自民党

勢いづく野党

以上を踏まえて、近藤長官の答弁を見てみましょう。「法務省から聞かれたので、問題がないのでは、と答えた。責任は法務省にある」です。すべての責任は法務省にある。法制局は出てこない。

この近藤発言で野党は勢いを得ました。この答弁、野党と打ち合わせをしていたのかどうかは知りませんが。

あまりにも杜撰な安倍内閣の手続きを、野党は次から次へと糾弾し、そのたびに森雅子法務大臣は立ち往生していました。

一九八一（昭和五六）年の国家公務員法の改正に向けて作られていた政府資料では、検察官においては国家公務員法の定年延長の適用は除外される、と特記されていました。国会答弁でも言明されています（昭和56年4月28日衆議院内閣委員会）。従って検察官の定年延長については、法律を変えない限り、不可能なはずなのです。これに、検察庁側の定年延長の要望に対して、形式的には法務大臣が認め、法務省として人事を決定し、官邸側がそれを了承した、という説明がなされました。つまり、何の法的根拠もない。

最も活躍したのは、当時立憲民主党の山尾《やまお》（現・菅野《かんの》）志桜里《しおり》衆議院議員です。山尾は検察官出身の論客。ある時の法務委員会では、山尾の追及に松島みどり委員長が「その通り！」と叫んでしまったほどです。松島委員長、与党なのに。法務検察には、「検察官一体の原則」と言って、その個人の力量に頼らねばならない属人的な仕事があってはならないとの掟があります。黒川でなければならない仕事など、あってはならないのです。あからさまな安倍内閣の横車でした。

このとき、野党が妙な冴えを見せます。

ここに「コニタン」こと、立憲民主党の小西洋之《こにしひろゆき》参議院議員が登場します。そのコニタンが、一九八〇（昭和五五）年に内閣法制局が行った国家公務員法改正案の審査結果を踏まえた想定問答集を国立公文書館で見つけてきました。それには、「検察庁、大学の教員については、年齢についてのみ特例を認めたのか、それとも全く今回の定年制度から外したのか」という想定質問に対しての「定年、特例定年、勤務の延長及び再任用の制度の適用は除外されることとなる」という想定回答が記されていました。追及された森大臣、しどろもどろで何を言っているかわからなくなります。毎日国会中継されていたのですが、見ていて気の毒でした。

それにしてもコニタン氏、この文書の存在、どうやって知ったのでしょうか。ちなみに、この文書が存在することを知って検索してみたのですが、私の能力ではなかなか見つけられませんでした。内閣法制局に教えてもらったのでは、と勘繰りたくなります。

その頃、私は『週刊ＳＰＡ！』（扶桑社）で連載しているコラム「言論ストロングスタイル」で、「国会では小西洋之（コニタン）がマトモなことを言い出した。これこそ本物の天変地異だ。明日は沖縄に雪が降るか？　それとも地球に隕石がぶつかるか？　とにもかくにも、人心は大混乱だ」と書いてしまいました。では、日ごろのコニタンはどんな人か。論より証拠。

安保法制の採決の日、コニタン氏は「戦争をできる国にするな」と叫んでいましたが、与党が強行採決するとなるや先陣を切って乱闘に参加。議員たちがもみ合う中にダイブ！　与党の佐藤正久議員に拳で押しのけられている画像が左上です。

内閣法制局がいないとなれば、自民党なんか怖くない。言ってしまえば自民党の政権担当能力など、日ごろは「コニタン」とバカにしている小西議員に追及されて、大臣が立ち往生してしまう程度なのです。

安倍内閣の支持率は下がっていきました。その最中にコロナ禍が始まったので、倒閣への動きが鈍っただけです。レイムダックになっていきました。

安倍内閣は苦し紛れに、国家公務員法を改正しようと言い出します。しかし、森大臣に代わって答弁に立った武田良太国家公安委員会委員長兼行政改革・国家公務員制度担当大臣も、「そんなことは法務省に聞いてください！」と

安保法制の採決の日、乱闘に参加する立憲民主党の小西洋之参議院議員。小西議員は佐藤正久理事のこぶしで押されている。　写真提供：共同通信社

投げ出す始末（令和2年5月13日衆議院内閣委員会）。政界の喧嘩上手と言われる武田大臣、かわし方が上手いと妙に感心したものです。無理なものは無理。国家公務員法改正案は廃案となりました。

この黒川騒動は、デタラメに展開していきました。最終的には、コロナ禍で自粛中なのに、黒川が産経新聞記者の招きで朝日新聞の社員と一緒に賭け麻雀をやっていたことがバレ、辞表を出して終わりました。黒川は退官、稲田は林に総長を譲りました。

ちなみに、賭け麻雀のレートはテンピンだったそうです。一〇〇〇点につき一〇〇円の勝負です。その後、法務省の川原隆司刑事局長が、社会の実情を見ると必ずしも高額とは言えないレートであると説明してしまう、つまりテンピンは合法であると言ってしまうなどということもありました。法務省と検察庁は同じ建物なのですが、その前庭で黒川の遺志を継ぐという名目の下で、黒川杯というテンピン麻雀大会が開かれたことが話題になりました。

学術会議問題

黒川騒動が収束、コロナ禍が本格化する中、安倍首相は余力を残して退陣する方法を模索し始めました。自民党領袖たちの談合は揉めましたが、安倍首相の支持が大きく、菅義偉官房長官が自民党内で圧倒的多数の支持を得て、後継の座を射止めました。

当初は菅フィーバーに沸きましたが、すぐさま日本学術会議の会員任命拒否問題でつまずきました。一〇月になると国会でも問題視されます。

では、学術会議問題とは何だったのでしょうか。

野党の側は、中曽根康弘首相（当時）が行った「政府が行うのは形式的任命に過ぎない」という国会答弁（昭和58年5月12日参議院文教委員会）を根拠に責め立てました。要は、政府が恣意的に任命拒否すると学問の自由を侵害する、です。これでは政府に拒否権はありません。根拠とされた首相発言も、中曽根個人の趣味と言って悪ければ、時の総理の政治姿勢にすぎません。法的拘束力を持つ有権解釈ではないはずです。

菅首相の思考・行動パターンからして、「総理大臣が意にそわない人事に、しかも税金を拠出している団体の人事に、黙ってハンコを押すだけなのはおかしくないか」くらいの感覚だったと思います。少なくとも、政権が仕組んだ陰謀ならば、ドタバタはしないはずです。ただ、法制局の了解は事前に取り付け、小西洋之参議院議員に国会で追及されても、「憲法第十五条一項に基づいて、推薦された方々を必ずそのまま任命しなければならないということではないという点については、内閣法制局も含めた政府の一貫した考え方であります」と自信満々でした（令和2年11月5日参議院予算委員会）。

菅首相が「法制局が〜」と何度も繰り返すので、業を煮やした小西議員は「内閣法制局長官の存在に懸けて答弁してください」とまで迫ります。小西議員は「高辻長官の解釈と違う！」と責め立てます。これに対する近藤長官の答弁です。

> 歴代政府が答弁をしております法令の解釈の考え方についてでございますけれども、一般論として、これまで法令の解釈については、当該法令の規定の文言、趣旨等に即しつつ、立案者の意図や立案の背景となる社会情勢等を考慮し、また、議論の積み重ねのあるものについては全体の整合性を保つことにも留意して論理的に確定されるものであり、政府による法令の解釈は、このような考え方に基づき、それぞれ論理的な追求の結果として示されたものであって、諸情勢の変化とそれから生ずる新たな要請を考慮すべきことは当然であるとしても、なお、このような考え方を離れて政府が自由に法令の解釈を変更することができるという性質のものでないと考えてきている。
>
> もっとも、このようなことを前提に検討を行った結果、従前の解釈を変更することが至当であるとの結論が得られた場合には、これを変更することがおよそ許されないとい

うものではないと考えてきている。（発言する者あり）

（令和2年11月5日参議院予算委員会）

近藤長官は、勝手に変えちゃいけないけれども、状況によって真面目に検討して変えても良いのでは、と当たり前のことを言っているだけです。

8・4　コロナ禍と近藤長官

「近藤四条件」

菅内閣は、ダメージコントロールがあまりうまくなかったこともあって、初動のフィーバーは消えていきました。菅内閣の人気が決定的に落ちていった原因は、初動の人気がある内に解散しなかったこと。あとは新型コロナウイルスへの対応にありました。

コロナについては紙幅の関係であまり深入りはしませんけれども、どういう流れだったかといえば、初動の段階では未知の伝染病でした。もしかしたらペストやエボラのような危険な伝染病かもしれないという仮定がありました。ただの風邪かもしれないけれども、安全保障の常識として何をなすべきかというと、まずは悲観論に立って行動しなければいけませんでした。

ただし、疫病対策の必要性と憲法論とはまったく別です。非常時だからと何をやってもいいわけではない、政府は好き勝手に国民の権利を侵害していいわけではない。これが文明国の憲法です。

日本国憲法には、参議院の緊急集会を定めた第五十四条を除き、まともに有事のことは書かれていません。外国のように補償とともに強制力を伴う命令を出すことはできず、ただひたすら「要請」「呼びかけ」「お願い」を繰り返すだけでした。日本人の多くは強制もされないのに、よく従いました。では、「マスクをしてください」「時短営業をしてください」「移動を自粛してください」等々と言われても聞かない国民に、どうやって言うことを聞かせたのでしょうか。同調圧力です。政府は責任をとることなく、国民に制裁をさせた格好です。

また、法による強制ではないので、補償金は出しません。ただし、要請に応じてくれた業者には、協力金を出しました。要するに、特定の業界へのバラマキに使ったわけです。

二〇二一（令和三）年二月にはコロナ特措法を改悪して、知事に強大な権限を与えます。

要請に従わない国民には罰則を与えることができるようになりました。刑事罰を与えられて前科者になってしまうことは避けられましたが、過料は科せられる、ということになりました。

二〇二一年二月、これに対して日本維新の会の足立康史《あだちやすし》衆議院議員が近藤長官に、「これは政府が好き勝手やっていいのか」という趣旨の質問をしています。

近藤長官は、補償は不要だとの政府の見解に立脚しながら、次のように答弁しました。

> 過料を科するということで、特に今回、私の方からお願いをいたしましたのは、これまでの措置の、都道府県知事が行われる前に、特に専門家の方の意見を再度聞くようにということを法律で義務づけていただきまして、より科学的知見で、不用意に広がらないように、本当に疫学的な見地からここはどうしてもやらなきゃいけないというところにある程度絞っていただくというところで、より過料との見合いで、厳重、慎重な発令というものをお願いするように今回の条文ではなっております。
>
> （令和3年2月1日衆議院内閣委員会）

公権力（この場合、知事）が私人（この場合、自粛要請に従わない店）に制裁を科す条件として、四つあげています。

第一に専門家の意見を事前に聴取していること、第二に科学的知見に基づいていること、第三に要請が必要最小限度であること、第四に量刑が比例原則に基づいていることです。科学的根拠に基づかない勝手な要請はならないし、極端な制裁は許されないということです。

私はこれを「近藤四条件」と名付けました。

コロナ禍では、明らかに科学的知見に基づかない公的私的双方の圧力が目に余りました。戦時中と同じく、コロナ禍のように世論が一つの方向に暴走し、政府が引きずられたとき、内閣法制局であろうともなすすべがありません。戦時中でもコロナ禍でも、財務省が手をこまねいて何もできませんでした。

そうした中、近藤四条件は一定の歯止めを示したとは言えるでしょう。

おわりに

一昔前は、「経済は一流、政治は二流」「政治家が無能でも官僚が優秀なので日本は持っている」などと嘯《うそぶ》かれたものだ。しかし今の時代にその手の戯言《たわごと》を信じる人がどれほどいるのか、と思いつつ、まだまだ日本人の官僚への幻想は強いのが現実だ。

さて。日本には、要らない仕事が二つある。

一つが、「国家予算の収入と支出が一円単位で合っている」というものだ。銀行の出し入れならいざ知らず、どこの会社が収支を一円単位で合っているのを自慢するのか。銀行だって、支出を一円単位まで完全把握などしていないだろう。しかし、「入りを測って、出るを制する」は財務省の力の根源なのだ。

もう一つが、「日本国の法令に矛盾がないように目を光らせる」である。普通の国では「後法優先主義」と言って、二つの法律に矛盾があれば、後から出来た法律を優先する。これは序章でも書いたが、阪田雅裕元法制局長官も認めている。

人間のやることに矛盾があるのは当たり前である。だが、日本人は変に生真面目で、法令に矛盾などあってはならないと考える。そもそも、東大法学部をはじめとする優秀な大学を出たエリートの考えることに間違いはない、と多くの人は信じたいのだろう。それで上手くいっているのかは疑問だが。

本書の前半は、憲法九条をめぐる内閣法制局の憲法解釈が、いかに変更を繰り返してきたかを描いた。「戦後一貫した内閣法制局の憲法解釈」など、事実誤認も甚だしいと理解できるだろう。

しかし、そうした法制局に支えられて、歴代内閣（ほとんどの期間が自民党政権）が権力を維持してきた有様が理解できるだろう。

革新（リベラル）が狂った要求を突きつける。法制局長官が盾になり、内閣を庇う。自民党は法制局を味方だと頼りにする。しかし、気付かぬうちに「毒」を混ぜられている。

その結果、皇室は貶められてきた。また、政局が混沌とした時、法制局は人知れず力を発揮してきた。

内閣法制局は、長官が絶対である。その国会答弁は「有権解釈」と言って、効力を持つ。法制局長官の言葉が総理大臣を凌駕する場面を、本書で何度も見てきただろう。謎の官庁の正体にどれほど迫れたかは、読者諸氏が判断してほしい。

本書は、本来ならば一つの章が博士論文になりうるようなテーマを扱っている。およそ一人の著者の力量で取り組むにはあまりにも巨大すぎる素材だ。ただ、それは『検証　財務省の近現代史』『検証　検察庁の近現代史』（光文社新書）でも同じだった。今後、本書をたたき台にして優れた研究者が研究を進めてくれれば、役割を果たしたものと信じる。

そして何より少なからずの国民が、「官僚だって人間であり、完璧などではないのだ」という当たり前の事実に気付いていてくれれば、成功だ。

政治は政治家だけに任せておくには、あまりに重大な問題だ。ましてや官僚をや。

＊　＊　＊

ようやく「官庁の近現代史」シリーズも完結した。一〇年になる。光文社新書の担当である小松現さんに世に出していただいたようなものだ。この出版不況の折、一〇年かけて三冊も出してくださる編集者、出版社がどれほどあろうか。まだ右も左もわからぬ時代から厳しく鍛え、育てていただいた小松さんには感謝の言葉もない。

今回も倉山工房に助けていただいた。超大作ということで、アシスタント二人体制で取り組んだ。文章化に際しての徳岡知和子さんの名人芸、私が諦めていた資料をも見つけてくる尾崎克之さんのリサーチ術には、随所で助けられた。

私は、株式会社キャリアコンサルティングの「しがく総合研究所」で、毎週火曜夜にゼミを教えている。そこでの教え子である奥野義一君と八尋滋君の研究発表には大いに示唆を受け、本書でもその一端を活用させてもらった。

そして、しがく総研の岡本正春君は、実質的な共同研究者のように協力してもらった。本書は性質上、歴代法制局長官の答弁を網羅収集、分析を行わねばならない。しかし、そのすべてを一字一句読むことは不可能だ。結局、「すべての資料に目を通さねばならぬ」との本能に負けて歴代長官の答弁のすべてを読もうとしたのだが、それができたのは佐藤長官だけだった。

そこで岡本君に先行して調査、答弁の傾向を分析、要するに「当たりをつける」作業をしてもらった。その上で私が重点的に答弁を精査、読者が読めるように整理する、という手法を採った。砕氷船《さいひょうせん》の如く私の助手役を務めてくれた岡本君がいなければ、本書は成立しえなかった。もし本当に歴代長官の答弁を一人で全部読んでいたら、一生終わらなかっただろう。

官僚機構、などという人物はいない。財務省や検察庁だって、そこで働く人間が集まって組織としての意思が決定される。「一貫した解釈」を誇る内閣法制局とて同じだ。歴代長官にも個性はある。尊敬できる人もいれば、軽蔑したくなる人もいる。物差しを入れ替えれば、そうした評価は逆になるかもしれない。言えるのは、官僚だって人間であり、人間の評価に一〇〇点も〇点もないということだ。

今までは「官僚に任せておけば日本は大丈夫」だったかもしれない。それも幻想だったように思うが。そしてこれからは、目覚めた国民自身が政治家や官僚を監視しておかねば、何をされるかわからない時代になった。

そうならないためにも、本書が役に立つことを願って筆を擱《お》く。

二〇二二年六月

倉山 満